A2

AF197089

101 jeux de FLE

Gabriela Jardim

Pierre-Yves Roux

didier

Français Langue Étrangère

Édition : Julien Keurmeur
Cheffe de Studio : Christelle Daubignard
Iconographie : Maria Mora Fontanilla
Mise en page : Camille Weyh
Illustrations intérieures : Jeanne Detallante

Maquette intérieure : Christelle Daubignard
Maquette couverture : Primo & Primo

Références des images

23 : neliakott/AdobeStock ; 24 : (g1,2,3,4) Jimena/AdobeStock ; 37 : (3) GB_Art/AdobeStock ; 44 : (D) topvectors/AdobeStock ; 48 : (4bd) Thomas Pajot/AdobeStock ; 51 : (2g) Vasyl/AdobeStock (3g) Pavlo Plakhotia/AdobeStock ; (1mg) Idey/AdobeStock ; (2md) eyewave/AdobeStock ; (1md) PCH.Vector/AdobeStock ; (3md) Oleksandra/AdobeStock 56 : (7) alaver/AdobeStock ; (9) imagination13/AdobeStock ; (8) sidop/AdobeStock ; 78 : (D) philippe Devanne/AdobeStock ; (E) TeraVector/AdobeStock ; (G) sabelskaya/AdobeStock ; 80 : (1) pandavector/AdobeStock ; (3) artinspiring/AdobeStock ; 86 : (1d) Albachiaraa/AdobeStock ; 90 : (1mg) Visual Generation/AdobeStock ; (3mg) nazar12/AdobeStock ; (3md) Heyder/AdobeStock ; (2m) Scriblr/AdobeStock ; 120 : (B) R.Severac – Fotolia/AdobeStock ; (C) detakstudio/AdobeStock ; (D) Fotolia/AdobeStock ; (E) Jackin/AdobeStock ; (F) kazy/AdobeStock ; (A) mimacz/AdobeStock.
Freepik : 17 (3m, hm, 3g, 2g, hg, 2m, hg, 4g, 1m) ; 23 (3d), 28 ; 30 ; 32 ; 37 ; 44 (B) ; 46 ; 48 ; 51 ; 56 ; 78 ; 80 ; 81 ; 86 ; 90 ; 97 ; 103 ; 108 ; 110 ; 114.

© Didier FLE, une marque des éditions Hatier, Paris 2022
ISBN : 978-2-278-10400-0
Achevé d'imprimer en Espagne par Macrolibros (Valladolid) en janvier 2022
Dépôt légal : 10400/01

éditions **didier** s'engagent pour l'environnement en réduisant l'empreinte carbone de leurs livres. Celle de cet exemplaire est de :
650 g éq. CO$_2$
Rendez-vous sur www.editionsdidier-durable.fr

PAPIER À BASE DE FIBRES CERTIFIÉES

Sommaire

1 La famille et les relations . . . . p. 5

2 Les caractéristiques physiques et morales . . . . p. 11

3 Les sentiments et les sensations . . . . p. 19

4 Les vêtements . . . . p. 27

5 La santé . . . . p. 33

6 Sports . . . . p. 41

7 La ville, la campagne et le logement . . . . p. 49

8 Les services publics et l'administration . . . . p. 57

9 Restauration et repas . . . . p. 63

10 Le travail . . . . p. 69

11 Voyages et tourisme . . . . p. 77

12 Les médias et réseaux sociaux . . . . p. 85

13 Les arts et la culture . . . . p. 91

14 Études et système éducatif . . . . p. 99

15 L'environnement et la nature . . . . p. 107

16 La citoyenneté . . . . p. 115

La famille et les relations

Jeux

1 Famille   p. 6

2 Chez mon oncle p. 7

3 Une famille coupée p. 8

4 Familles d'aujourd'hui p. 9

5 Quelle belle famille ! p. 10

Objectifs

- ▷ Identifier des membres de la famille.
- ▷ Identifier des types de famille.
- ▷ Nommer les membres de la belle-famille.

Complétez la grille avec 9 membres de la famille.

Horizontalement (cases bleues →) :

① Mon père et ma mère sont mes ....

② Le fils de mon oncle est mon ....

③ Le fils de mon frère est mon ....

④ La fille de mon frère est ma ....

⑤ Maman ....

Verticalement (cases orange ↓) :

Ⓐ Papa ....

Ⓑ Le frère de ma mère est mon ....

Ⓒ La femme de mon oncle est ma ....

Ⓓ La fille de mes parents est ma ....

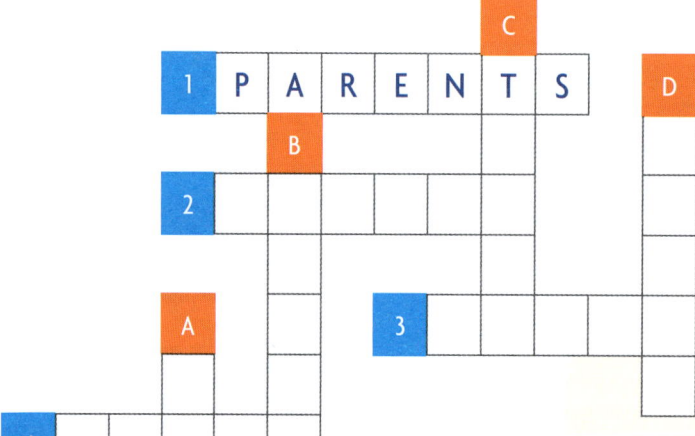

Réponse

Retrouvez chaque fois un membre de la famille (le nombre de lettres est entre parenthèses).

Exemple

5 lettres : I O C E N L G → ONCLE

1 (5 lettres) : ....

2 (5 lettres) : ....

3 (5 lettres) : ....

4 (6 lettres) : ....

5 (7 lettres) : ....

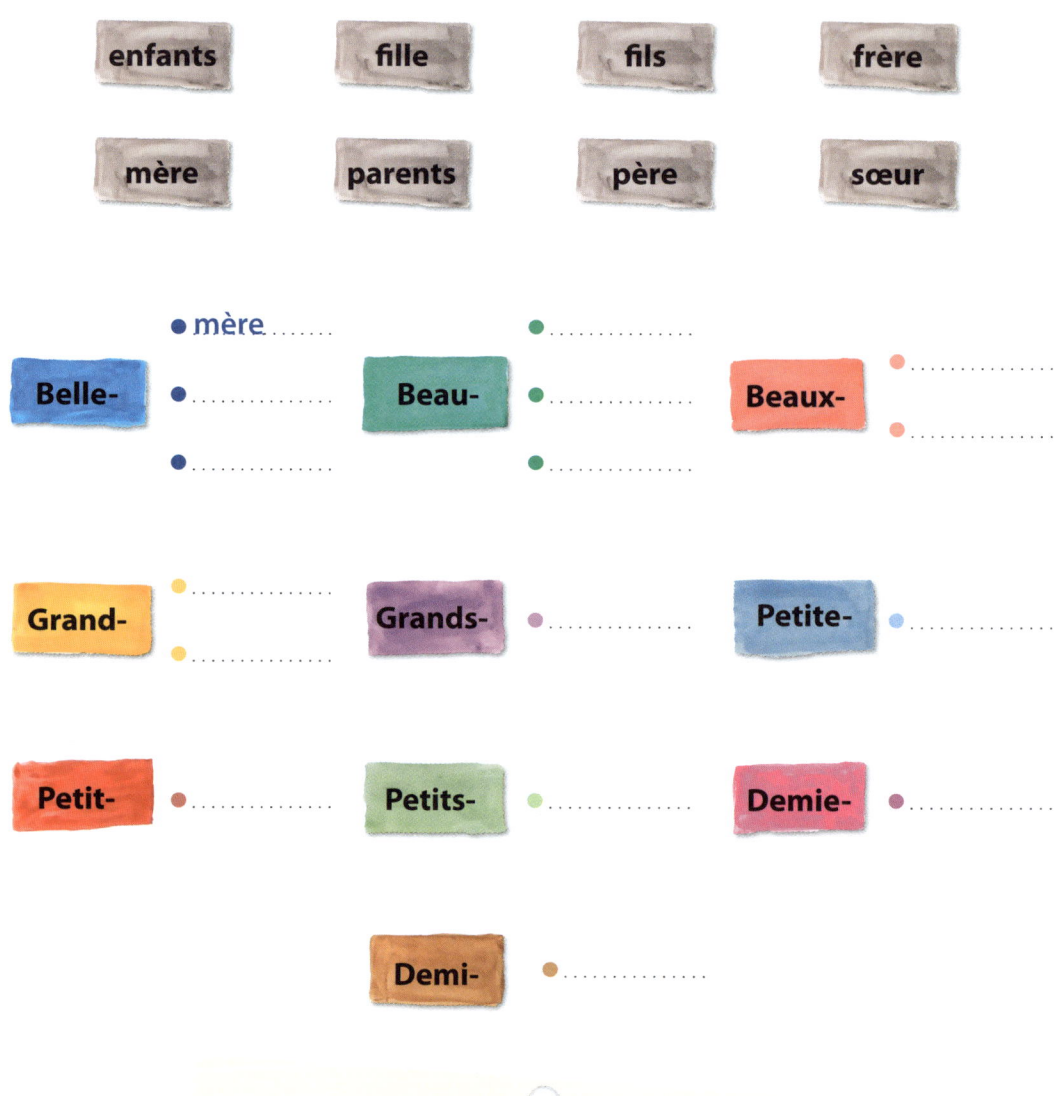

3 Une famille coupée

À l'aide des étiquettes, retrouvez 16 membres de la famille.

| enfants | fille | fils | frère |
| mère | parents | père | sœur |

● mère ....

Belle-

Beau-

Beaux-

Grand-

Grands-

Petite-

Petit-

Petits-

Demie-

Demi-

Réponse

Belle-mère / Belle-fille / Belle-sœur / Beau-fils / Beau-frère / Beau-père /
Beaux-enfants / Beaux-parents / Grand-mère / Grand-père / Grands-parents /
Petite-fille / Petit-fils / Petits-enfants / Demie-sœur / Demi-frère

Remettez les lettres dans l'ordre pour retrouver les mots et les phrases.

1

June et Jean sont A É M S I R .

Ils n'ont pas d' A N N T F E S .

2

Pedro et Gaëlle sont en

N N O U I   I E L R B .

Ils ont un I S F L et une L I E L F .

3

Les T N P R A E S de Charlotte sont

V D C O I R É S . Elle habite avec son E È R P

et sa L E B L E - È E R M .

4

Joseph est F E U V et il a une

T P E T E I - M A I E

Son I S L F s'appelle Martin.

Trouvez des membres de la famille de Luc et Simone.

Exemple

Lucie est la *PETITE-FILLE* de Jacques et Adeline.

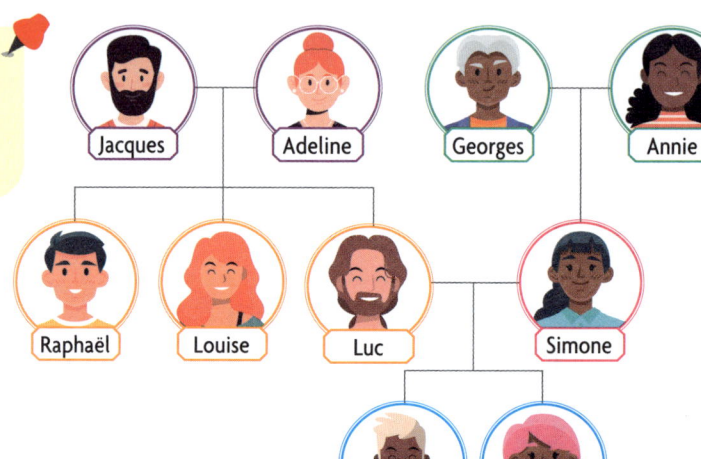

1 Jacques est le .... de Simone.

2 Adeline est la .... de Simone.

3 Georges et Annie sont les .... de Luc.

4 Raphaël est le .... de Simone.

5 Louise est la .... de Simone.

6 Simone est la .... de Jacques et Adeline.

7 Lucie est la .... de Georges et Annie.

8 Serge et Lucie sont les .... de Jacques et Adeline.

9 Serge est le .... de Georges et Annie.

10 Luc est le .... de Georges et Annie.

Les caractéristiques physiques et morales

Jeux

6 Portrait-robot — p. 12

7 Décrivez-les ! — p. 13

8 Ils sont comment ? — p. 14

9 Caractéristiques cachées — p. 15

10 Caractère — p. 16

11 Je suis comment ? — p. 17

12 Les caractéristiques et leurs contraires — p. 18

Objectifs

- ▷ Identifier des caractéristiques physiques.
- ▷ Reconnaître des caractéristiques morales.
- ▷ Décrire quelqu'un.

Remettez les lettres dans l'ordre et retrouvez 6 mots pour décrire quelqu'un. Un 7ᵉ mot va apparaître dans les cases bleues.

1 A I C L R

2 E É O C F N

3 A E U D L T

4 É O B N R Z

5 A I L D

6 E E B L L

Le 7ᵉ mot est :

....

Réponse

7 L O U R D E

6 B E L L E

5 L A I D

4 B R O N Z É

3 A D U L T E

2 F O N C É E

1 C L A I R

Décrivez ces personnes en complétant les mots.

Exemple

Il m _ _ _ _ _ 1,80 mètres. → Il m e s u r e 1,80 mètre.

1 Il p _ _ _ 75 kilos.

Il est r _ _ _ .

Il a une b _ _ _ _ et une m _ _ _ _ _ _ _ _ _ .

Il a les y _ _ _ n _ _ _ _ et il p _ _ _ _

des l _ _ _ _ _ _ _

2 Elle est b _ _ _ _ _ .

Elle a les c _ _ _ _ _ _ _ l _ _ _ _ .

Elle a de g _ _ _ _ _ y _ _ _ b _ _ _ _ .

Réponse

1. Il pèse 75 kilos. Il est roux. Il a une barbe et une moustache. Il a les yeux noirs et il porte des lunettes.
2. Elle est blonde. Elle a les cheveux longs. Elle a de grands yeux bleus.

**Trouvez les caractéristiques des personnes ci-dessous
(pour les mêmes lettres, les mêmes symboles).**

1

Elle a les cheveux ✅✌️❤️➡️⭐ L O N G S et ❤️✌️🌀🍀⭐ N O I R S .

Elle est ➡️🍀🍅❤️🍭🎩 ▢▢▢▢▢▢ et 🏅🌀❤️🐌🎩 ▢▢▢▢▢ .

2

Il est 🎱🍀🍕❤️ ▢▢▢▢ et il a les cheveux 🐌✌️🍕🍀🌷⭐ ▢▢▢▢▢▢ .

Il est de 🌷🍅🌀✅✅🎩 ▢▢▢▢▢▢ 🏅✌️🍁🎩❤️❤️🎩 ▢▢▢▢▢▢▢ .

3

Elle est 🍀✌️🍕⭐⭐🎩 ▢▢▢▢▢▢ et elle a les yeux 🎱✅🎩🍕⭐ ▢▢▢▢▢ .

Elle est 🍉🎩🌷🌀🌷🎩 ▢▢▢▢▢▢ et ‼️✌️✅🌀🎩 ▢▢▢▢▢ .

4

Il est 🐸✏️🍅🍕❇️🎩 ▢▢▢▢▢▢ et il a les yeux 🏅🍅🍀✌️❤️ ▢▢▢▢▢ .

Il porte des ✅🍕❤️🎩🌷🌷🎩⭐ ▢▢▢▢▢▢▢▢ .

9 Caractéristiques cachées

Retrouvez 4 caractéristiques pour décrire quelqu'un.
Pour vous aider : la 1re lettre du mot est en rouge.

Exemple

11 lettres :

A	S	U	L
H	Y	M	C
R	A	P	V
A	N	A	E

→

A	S	U	L
H	Y	M	C
R	A	P	V
A	N	A	E

→ *SYMPA*

E	D	C	T
H	I	A	N
E	M	L	U
Z	E	R	I

A	E	L	I
Y	D	N	O
E	I	M	I
U	S	E	T

1 5 lettres : ....

2 6 lettres : ....

A	I	R	T
D	S	S	U
A	T	A	M
K	E	X	I

U	S	C	R
C	O	N	T
P	I	L	E
B	A	T	N

3 6 lettres : ....

4 7 lettres : ....

Remettez les lettres dans l'ordre et complétez la grille avec 10 caractéristiques (féminin ou masculin).

Exemple

9 (11 lettres) : A E I U Y H M P Q S T → *SYMPATHIQUE*

5 lettres	6 lettres	7 lettres	8 lettres
1 A E C L M	**3** E I G L N T	**5** E É I U R S X	**6** A A É E B G L R
2 E Ô D L R	**4** E I I D M T		**7** E I O P R S T V

9 lettres	12 lettres
8 A E I O U N R S T	**10** E E E I I L L G N N T T

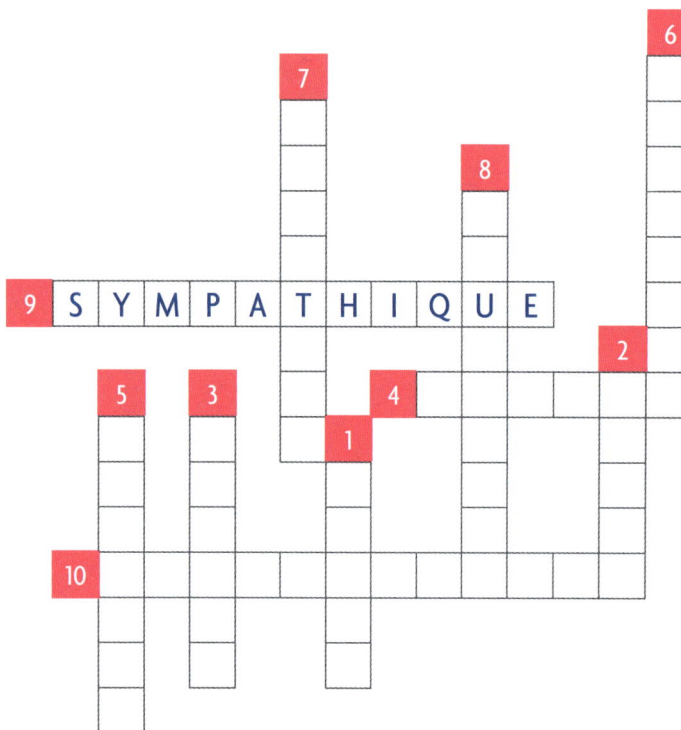

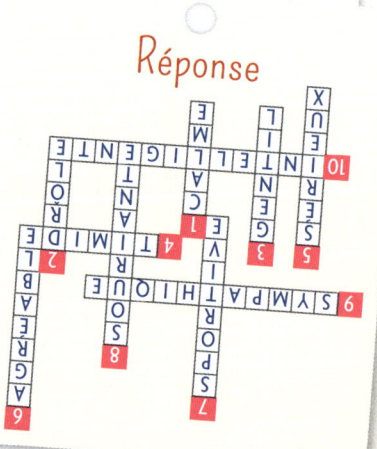

Réponse

11 — Je suis comment ?

Retrouvez les mots qui se cachent derrière ces rébus.

Exemple

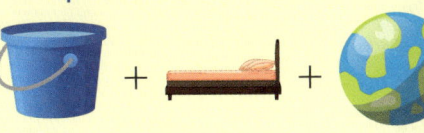 + + → *SEAU – LIT – TERRE = SOLITAIRE*

1 C + +

....

2 60 min +

....

3 + +

....

4 + 60 min +

....

Réponse

1. SÉRIEUX (C – riz – yeux) / 2. HEUREUX (heure – œufs) /
3. COURAGEUX (cou – rat -jeux) / 4. MALHEUREUX (mal – heure – œufs)

Complétez la grille avec 12 caractéristiques.

Horizontalement (cases roses →)

1 Le contraire de GROS(SE)
2 Le contraire de AGITÉ(E)
3 Le contraire de LOURDE
4 Le contraire de LÉGER
5 Le contraire de SÉRIEUX
6 Le contraire de CONTENT(E).

Verticalement (cases bleues ↓)

A Le contraire de BÊTE
B Le contraire de LAID
C Le contraire d'HEUREUX
D Le contraire de BELLE
E Le contraire de PETIT
F Le contraire de RAPIDE.

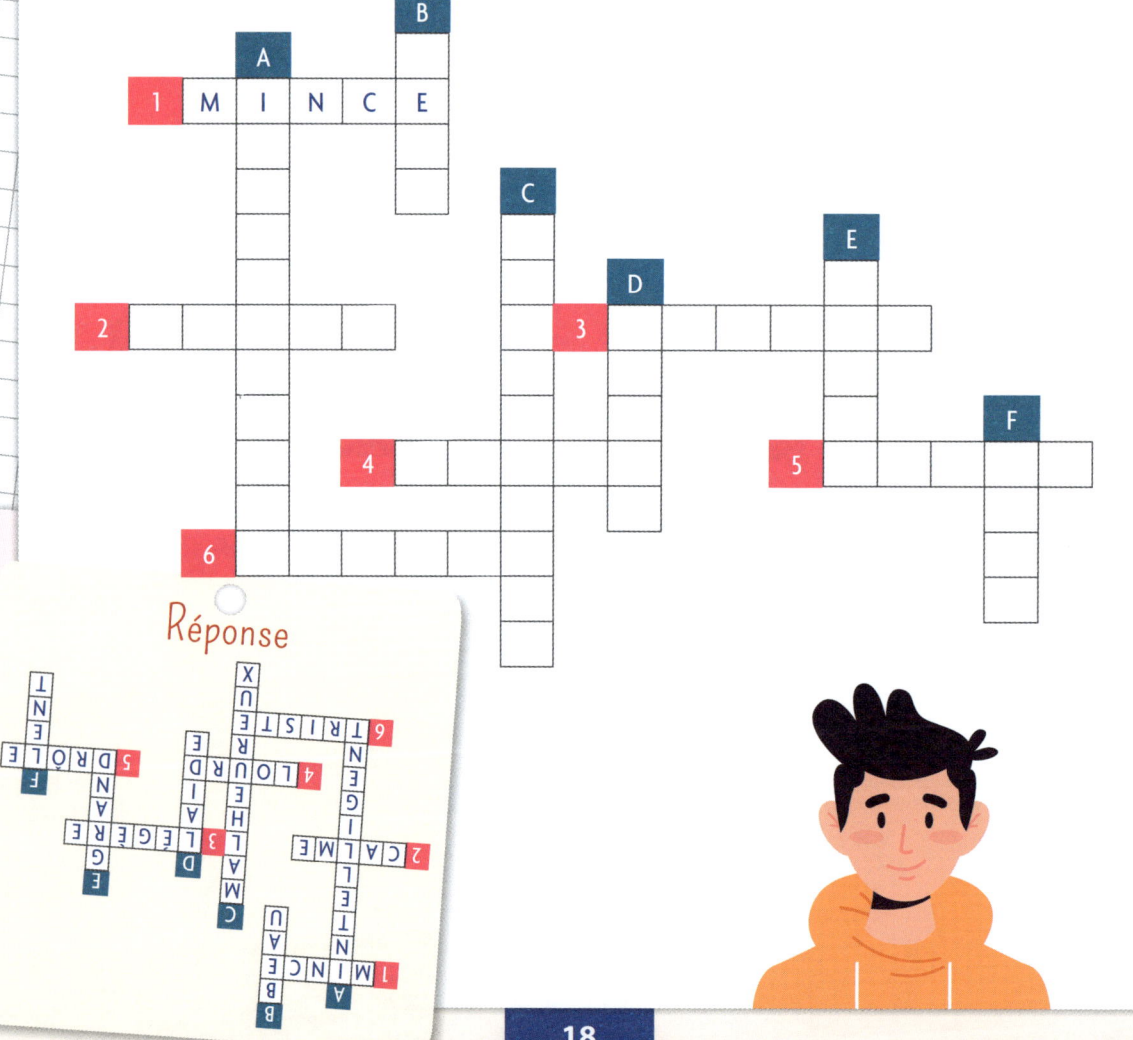

1 M I N C E

Les sentiments et les sensations

Jeux

13 Sentiments — p. 20

14 Des sentiments mélangés — p. 21

15 Je ressens de… — p. 22

16 De toutes les couleurs — p. 23

17 Les 5 sens — p. 24

18 Je suis quoi ? — p. 25

19 Sensations — p. 26

Objectifs

▷ Identifier des sentiments.

▷ Découvrir des expressions imagées (sentiments et couleurs).

▷ Identifier les 5 sens et leurs sensations.

Associez des étiquettes pour retrouver 8 sentiments.

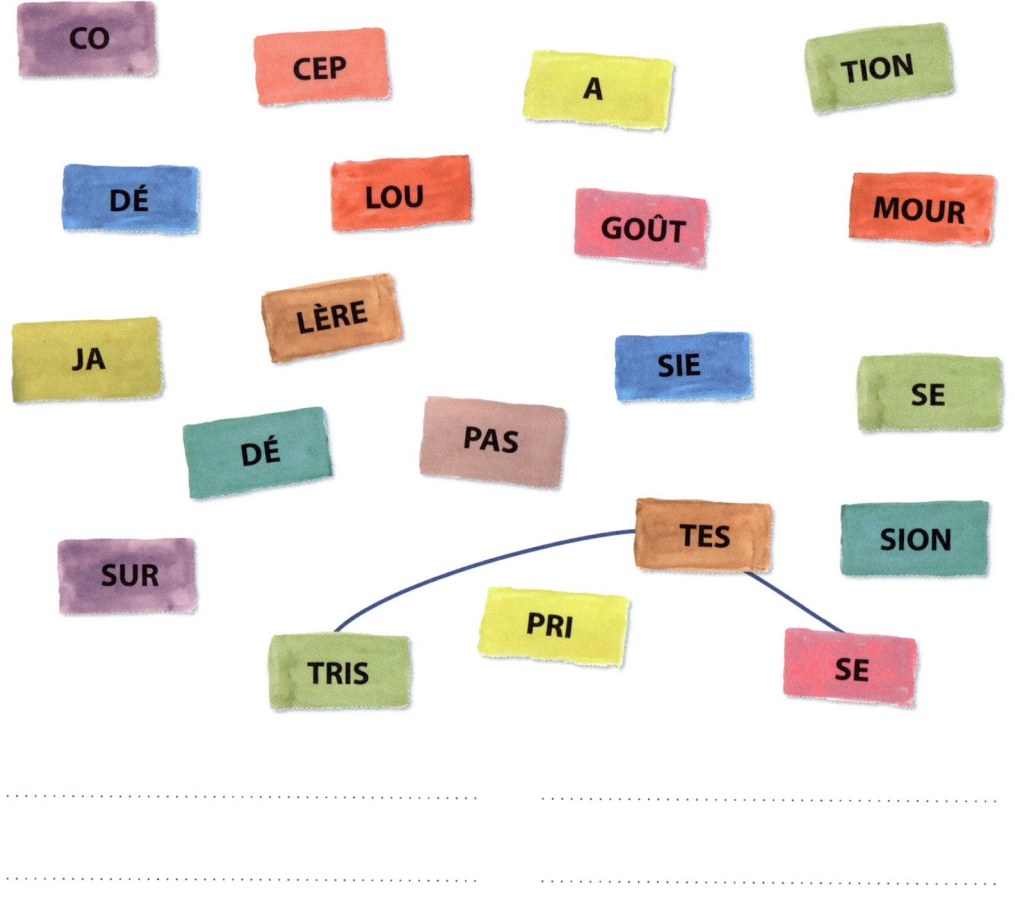

Réponse

AMOUR (A-MOUR) / COLÈRE (CO-LÈRE) / DÉCEPTION (DÉ-CEP-TION) / DÉGOÛT (DÉ-GOÛT) / JALOUSIE (JA-LOU-SIE) / PASSION (PAS-SION) / SURPRISE (SUR-PRI-SE) / TRISTESSE (TRIS-TES-SE)

Retrouvez dans chaque ligne un mot en lien avec un sentiment.

Exemple

| 0 | Ç | A | P | U | M | A | L | H | E | U | R | E | U | X | N | I | N | D | A |

1 L A S I J O Y E U S E L B E D U C A Z

....

2 P H A J E C I B I C O U R A G E U S E

....

3 Q A M O U R E U X B L E K I Y G D E N

....

4 S U V E R C O N T E N T K O X U E R F

....

5 E N S U R P R I S E L U F A S M I T E

....

6 P R J E T B I E S N T R I S T E E R T

....

Réponse

1. joyeuse / 2. courageuse / 3. amoureux /
4. content / 5. surprise / 6. triste

Retrouvez dans la grille 6 sentiments : horizontalement (→ ←) ou verticalement (↓↑).

① **La colère**

② ....

③ ....

④ ....

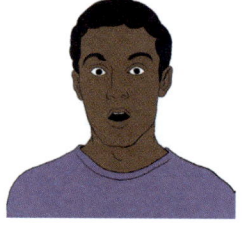
⑤ ....

⑥ ....

N	O	I	T	P	É	C	E	D
S	U	P	Y	N	B	E	M	A
I	S	C	H	I	N	S	E	L
M	U	Z	I	Q	U	S	A	P
E	R	J	J	O	I	E	R	E
V	P	E	M	O	N	T	G	U
O	R	L	I	U	O	S	I	R
T	I	U	B	B	N	I	T	S
E	S	C	O	L	È	R	E	S
L	E	T	I	C	E	T	A	L

Réponse

1. La colère / 2. La joie / 3. La déception / 4. La tristesse / 5. La surprise / 6. La peur

En vous aidant des premières lettres et des dessins, retrouvez ces expressions françaises.

Exemple

V*oir* la vie en *rose*
(= être optimiste)

1 V _ _ _ tout en n _ _ _
(= être pessimiste)

2 Être v _ _ _ de p _ _ _
(= avoir très peur)

3 Être r _ _ _ _ de c _ _ _ _ _
(= être très en colère)

4 Avoir une p _ _ _ b _ _ _ _
(= avoir très peur)

5 Être r _ _ _ _ de h _ _ _ _
(= avoir très honte)

Trouvez le nom et le verbe associés aux 5 sens (pour les mêmes lettres, les mêmes symboles).

Exemple

1 O U Ï E

2 E N T E N D R E

1

1

2

2

1

2

3

1   ^

2   ^

4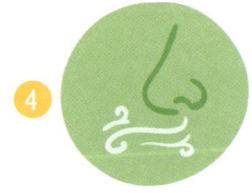

1

2

Réponse

1. 1. Vue - 2. Voir / 2. 1. Toucher - 2. Toucher /
3. 1. Goût - 2. Goûter / 4. 1. Odorat - 2. Sentir

24

Retrouvez le sens associé à chaque groupe de phrases.

Exemple

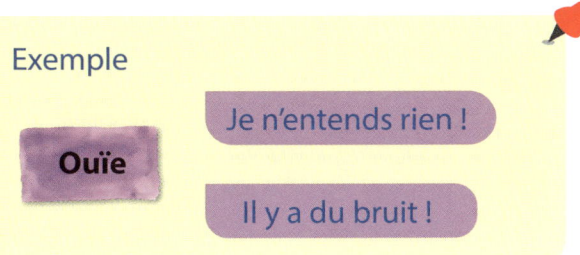

Ouïe — Je n'entends rien ! — Il y a du bruit !

Goût · Odorat · Toucher · Vue

Je porte des lunettes !

Luc voit très bien !

La tarte est délicieuse !

Je n'aime pas le sucre !

L'eau est trop chaude !

Ce canapé est trop mou !

Ça sent mauvais !

Ton parfum sent bon !

Réponse

1. Vue / 2. Goût / 3. Toucher / 4. Odorat

Associez une étiquette de chaque colonne pour retrouver des mots associés aux 5 sens.

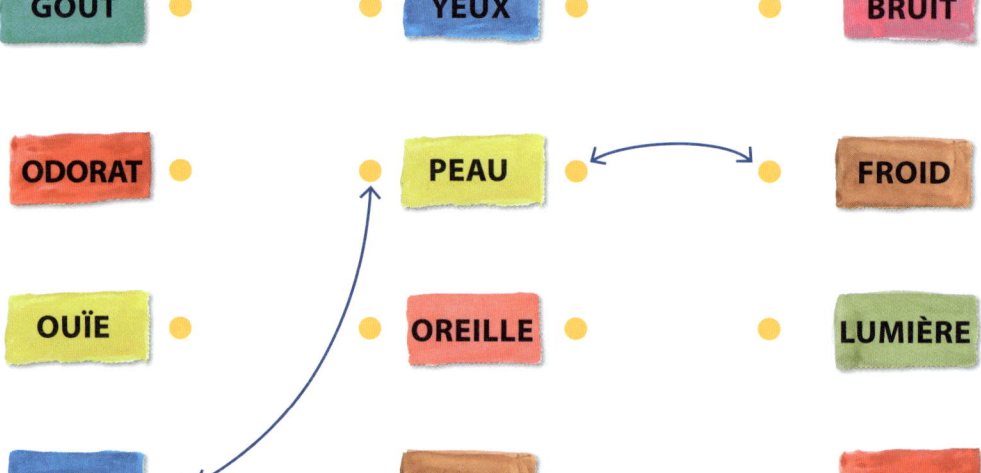

GOÛT   YEUX   BRUIT

ODORAT   PEAU   FROID

OUÏE   OREILLE   LUMIÈRE

TOUCHER   NEZ   ODEUR

VUE   LANGUE   SAVEUR

....

....

....

....

Réponse

Vue – Yeux – Lumière
Toucher – Peau – Froid /
Ouïe – Oreille – Bruit /
Odorat – Nez – Odeur /
Goût – Langue – Saveur /

Les vêtements

Jeux

20	Dans ma valise	p.28
21	Ils sont habillés comment ?	p. 29
22	C'est en quoi ?	p. 30
23	Je suis quoi ?	p. 31
24	Dans mon armoire	p. 32

Objectifs

▷ Nommer des vêtements et des accessoires.
▷ Décrire une tenue vestimentaire.
▷ Associer les vêtements et leurs matières.

20 Dans ma valise

Regardez les dessins et complétez la grille.

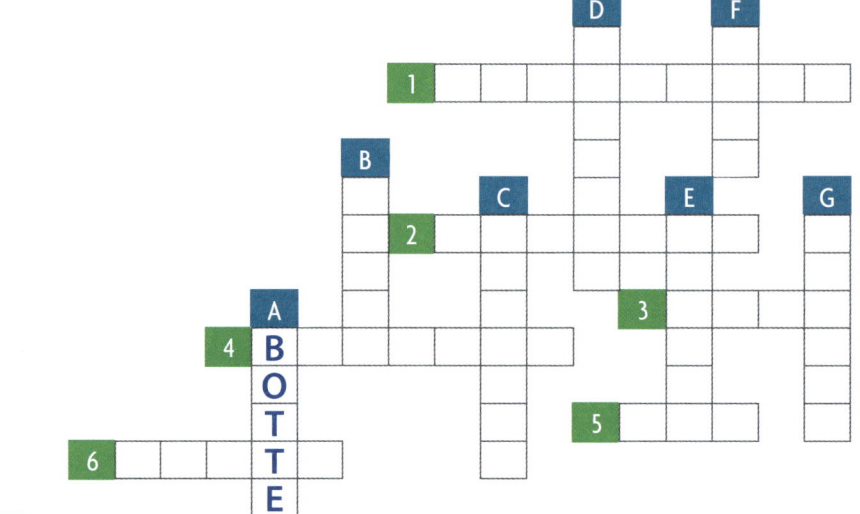

The crossword grid with letters:

- 4 ABOTTES (down: A B O T T E S spelling BOTTES)

A B C

D E

F G

Réponse

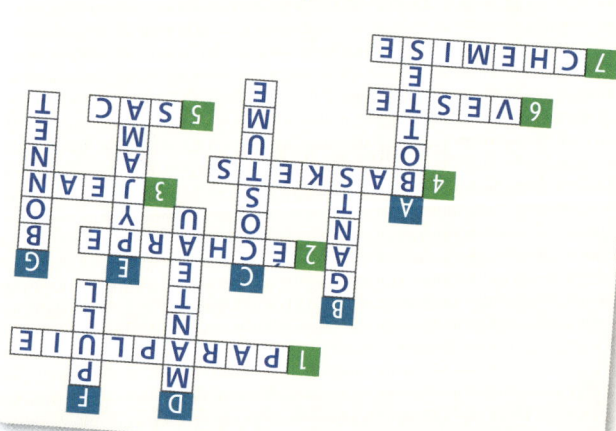

- D: DMPARAPLUIE
- 1 PARAPLUIE
- 2 ECHARPE
- 3 JEAN
- 4 ABOTTES
- 5 SAC
- 6 VESTE
- 7 CHEMISE
- A: BASKETSUME
- B: GANTS
- G: BONNET

21 Ils sont habillés comment ?

Complétez les phrases avec des vêtements et des couleurs.

Exemple

1 IL A UN COSTUME NOIR ET UNE CRAVATE ROUGE.

2 Elle porte une r __ __ __ à

f __ __ __ __ __ et un s __ __ à m __ __ __.

3 Il a un j __ __ __ et

un p __ __ __ r __ __ __ __.

4 Elle a des b __ __ __ __ __ et

un m __ __ __ __ __ __ n __ __ __.

5 Il porte un p __ __ __ __ __ __ __

b __ __ __ et une c __ __ __ __ __ __ __

b __ __ __ __ __ __.

6 Elle a une v __ __ __ __ et

un p __ __ __ __ __ __ __ __ à r __ __ __ __ __ __ __.

Réponse

1. Il a un costume noir et une cravate rouge / 2. Elle porte une robe à fleurs et un sac à main / 3. Il a un jean et un pull rouge / 4. Elle a des bottes et un manteau noir / 5. Il porte un pantalon bleu et une chemise blanche / 6. Elle a une veste et un pantalon à rayures

Remettez les lettres dans l'ordre pour trouver les vêtements et leur matière. Associez chaque phrase à l'image qui correspond.

Exemple

Un | A O U D F L R | en | E O S I | → *Un foulard en soie (E)*

1 Une | E E I C M H S | en | O T C N O | .

....

2 Un | L U L P | en | A E I N L | .

....

3 Une | E P J U | en | I R U C | .

....

4 Un | A S C | en | A E I U L T Q P S | .

....

5 Un | A A E U C P H | de | A E I L P L | .

....

A   B   C

D   E

Réponse

5. Un chapeau de paille (D)
3. Une jupe en cuir (A) / 4. Un sac en plastique (B) /
1. Une chemise en coton (C) / 2. Un pull en laine (F) /

Retrouvez les accessoires.

Exemple

0 Je peux être en métal, en plastique ou en pierre.
On me porte aux oreilles.
Je suis les B*oucles* d'o*reilles*.

1 Je suis en tissu et en métal.

Je protège de la pluie.

Je suis le P..

2 Je peux être en métal ou en plastique.

Je donne l'heure.

Je suis la M..

3 Je peux être en métal, en cuir, en plastique, etc.

On me porte autour du cou.

Je suis le C..

4 Je peux être en métal, en plastique, en pierre, etc.

On me porte au doigt.

Je suis la B..

5 Je peux être en cuir, en tissu et même en plastique !

Je transporte d'autres objets.

Je suis le S................... à m.........................

Réponse

1. Parapluie / 2. Montre /
3. Collier / 4. Bague /
5. Sac à main

Retrouvez les vêtements ou les accessoires cachés dans ces rébus.

Exemple

 → *pas + rat + pluie = parapluie*

①  + ...

② + ...

③  +  + + **K'**

....

Réponse

1. CHAUSSETTES (chaud + sept)
2. CHAPEAU (chat + pot)
3. ANORAK (âne + eau + rat + K')

La santé

Jeux

25 Je suis malade   p. 34
26 Accidents   p. 35
27 État de santé   p. 36
28 À l'hôpital   p. 37
29 Professions médicales   p. 38
30 Chez l'opticien   p. 39
31 Ordonnance   p. 40

Objectifs

- Identifier des symptômes et des états de santé.
- Reconnaître le lexique de l'hôpital.
- Identifier des professions médicales.

**Complétez les phrases avec des mots de la grille :
horizontalement (→) ou verticalement (↓).**

Ce matin, je ne vais pas au travail parce que je suis **malade**.

J'ai de la _____ et je _____ beaucoup. J'ai le nez qui _____.

Je pense que j'ai une _____ !

Non, je n'ai pas un simple _____ ! Quand j'ai un rhume,

j'_____ beaucoup et j'ai _____ à la tête... Et c'est tout !

J'ai aussi une _____ aux antibiotiques et je suis _____.

J'ai besoin de repos pour aller mieux !

M	A	L	A	D	E	I	Y	L	V	E
U	I	A	L	L	E	R	G	I	E	T
G	M	R	N	É	T	E	R	N	U	E
C	A	H	Q	U	I	K	B	R	E	F
O	L	U	T	O	U	S	S	E	C	I
U	J	M	M	I	F	T	A	N	I	È
L	U	E	Ç	P	R	E	Z	E	B	V
E	S	S	T	R	E	S	S	É	E	R
G	R	I	P	P	E	P	T	E	S	E

Réponse

Ce matin, je ne vais pas au travail parce que je suis malade.
J'ai de la **fièvre** et je **tousse** beaucoup. J'ai le nez qui **coule**. Je pense que j'ai une **grippe** !
Non, je n'ai pas un simple **rhume** ! Quand j'ai un rhume, j'**éternue** beaucoup et j'ai **mal** à
la tête... Et c'est tout !
J'ai aussi une **allergie** aux antibiotiques et je suis **stressée**.
J'ai besoin de repos pour aller mieux !

Complétez les phrases avec le mot qui convient et associez les bulles et les dessins.

A

1 Je me suis

cassé le

b _ _ _ _ !

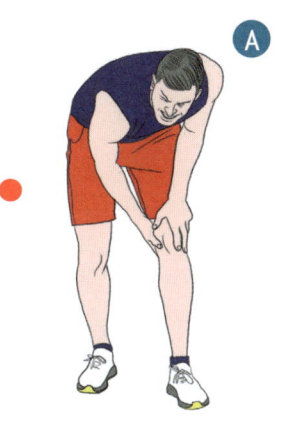

2 Je me suis

coupée au

d _ _ _ _ _ !

B

3 Je me suis

blessé à la

j _ _ _ _ _ !

C

4 Je me suis

brûlé la

m _ _ _ _ !

D

Réponse

1. Je me suis cassé le bras (dessin C) /
2. Je me suis coupée au doigt (dessin D) /
3. Je me suis blessé à la jambe (dessin A) /
4. Je me suis brûlé la main (dessin B)

Associez deux étiquettes pour retrouver des états de santé (utilisez les verbes plusieurs fois).

Exemple

Être **guéri(e)**

en bonne santé **mieux**

Aller **la jambe** **allergique**

Avoir **mal à la tête** **une dent**

Être **mal** **bien**

Se casser **de la fièvre** **mal au ventre**

guéri(e) **soigné(e)**

....

....

....

....

28 À l'hôpital

Découpez pour retrouver 12 mots de l'hôpital et associez-les aux dessins.

Radiologie/litopérationmasquepatientambulancematernitémédecinconsultation

chambreinfirmierchirurgienne

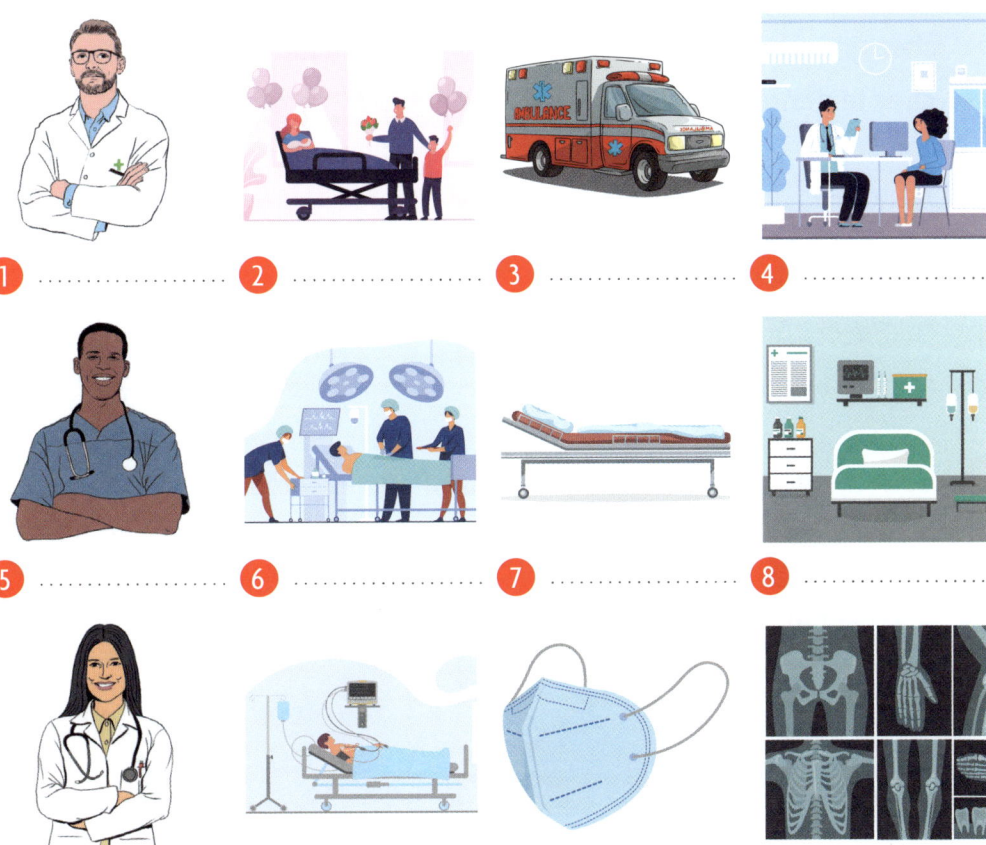

1 .... 2 .... 3 .... 4 ....

5 .... 6 .... 7 .... 8 ....

9 .... 10 .... 11 .... 12 **Radiologie**

**Recopiez la lettre de la bonne réponse dans les cases en bas.
Un mot secret en rapport avec le thème va apparaître.**

1 Quand on a mal aux dents, on va...

K chez le pharmacien

L chez l'infirmier

M **chez le dentiste**

2 Quand on se casse la jambe, on va...

È chez le cardiologue

É chez le radiologue

Ê chez le pharmacien

3 Quand on a des problèmes de cœur, on va...

D chez le cardiologue

F chez le chirurgien

G chez le dentiste

4 Pour faire une opération, on va...

A chez l'infirmier

E chez le chirurgien

I chez le radiologue

5 Pour acheter des médicaments, on va...

B à l'hôpital

C à la pharmacie

D aux urgences

6 Pour faire une prise de sang, on va...

A chez le pharmacien

E chez le chirurgien

I dans un laboratoire

7 Quand on a un problème très grave, on va...

N aux urgences

P à la pharmacie

R dans un laboratoire

Mot secret :

1	2	3	4	5	6	7
M						

Retrouvez un mot sur chaque ligne du tableau.

1 EVUEILO

2 PRETOEIL

3 EXAMENPIT

4 QLENTILLEÇYN

5 DULILUNETTESGIR

6 LESTOUZREGARDERKYTCL

7 PRALICONSULTATIONXUPFITCHLQUETRIM

Réponse

1. Vue / 2. Oeil / 3. Examen / 4. Lentille /
5. Lunettes / 6. Regarder / 7. Consultation

L'ordonnance n'est pas très claire ! Retrouvez les voyelles (a, à, e, é, ç, ê, i, o, u, y) pour lire la liste de médicaments.

Exemple

__ m __ l ___ D __ p __ nt → *Émilie Dupont*

Docteur Charles Pascal
Médecine Générale

Le 25 septembre 2021

Patient(e): __m__l__ __ D __ p__ nt
55 __ns, 62 kg

1. D__ l'__sp__r__n__, 1 c__mpr__m__ m__t__n __t s__r.

2. __n __nt__b__ __t__q__ __, 5 g__ __tt__s p__r j__ __r.

3. D__ s__r__p, 3 f__ __s p__r j__ __r.

4. D__ spr__ __ n__s__l.

Sports

Jeux

32	Sports	p. 42
33	Jeux Olympiques	p. 43
34	Activités sportives	p. 44
35	Football	p. 45
36	Équipements	p. 46
37	Les Français et le sport	p. 47
38	Sports cachés	p. 48

Objectifs

▷ Identifier des sports.
▷ Nommer des équipements sportifs.

Prenez une lettre dans chaque colonne pour retrouver le nom de ces sports (les lettres sont dans l'ordre et le nombre de lettres est entre parenthèses).

1 (7 lettres)

2 (8 lettres)

3 (6 lettres)

4 (5 lettres)

5 (4 lettres)

6 (6 lettres)

7 (8 lettres)

8 (4 lettres)

1	E	U	L	O	Y		
2	N	A	D	B	I	T	O
3	B	S	G	A	E	H	
4	R	O	S	R	T	I	
5	J	A	C	K	T	Y	E	N
6	V	O	T	L	E	M	O	N
7	M	A	T	A			
8	M	U	R	O			

1 ESCRIME . . . .

. . . .

. . . .

. . . .

. . . .

. . . .

. . . .

. . . .

Complétez la grille avec le nom de 7 sports olympiques.
Un 8ᵉ mot en lien avec le sport va apparaître dans les cases bleues (↓).

1 N A T A T I O N

Réponse

Associez une étiquette de chaque colonne pour retrouver une activité sportive et associez-la à une image.

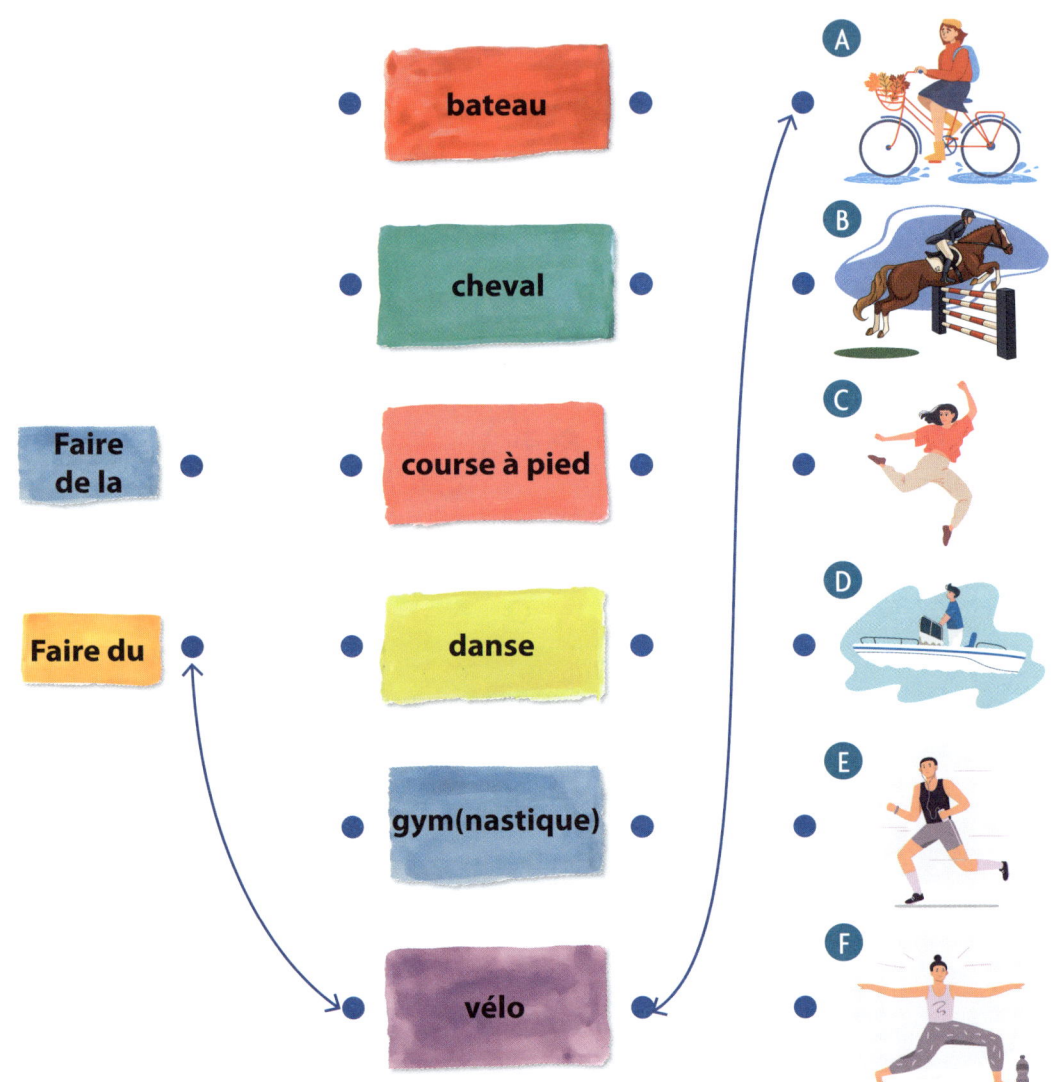

bateau

cheval

Faire de la

course à pied

Faire du

danse

gym(nastique)

vélo

A

B

C

D

E

F

Réponse

Faire de la course à pied (E) / Faire de la danse (C) / Faire de la gym(nastique) (F) / Faire du bateau (D) / Faire du cheval (B) / Faire du vélo (A)

35 Football

Remettez les lettres dans l'ordre pour compléter la grille.

Exemple

7 (8 lettres) : A B F L L O O T → *FOOTBALL*

5 lettres	6 lettres	8 lettres	10 lettres
1 A C H M T	**3** A B L L N O	**6** A C H I M N O P	**8** A C E E P R S T T U
2 A D E S T	**4** E É I P Q U		
	5 E J O R U U		

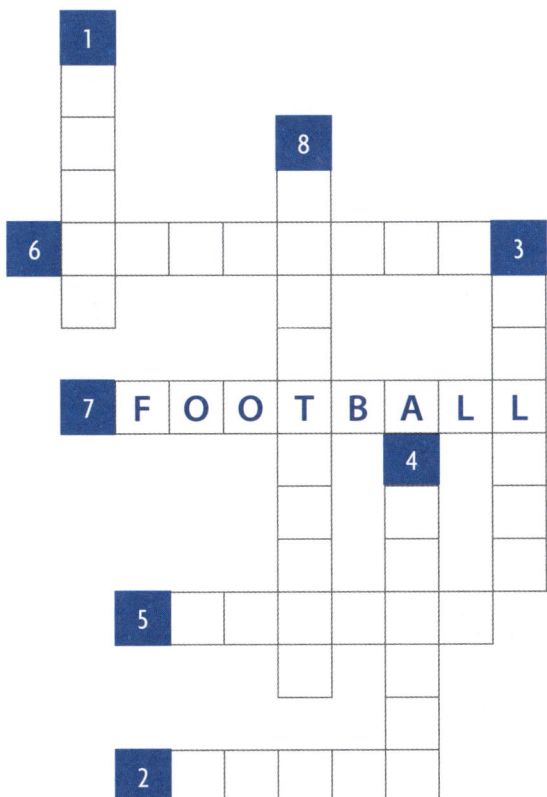

7 F O O T B A L L

Réponse

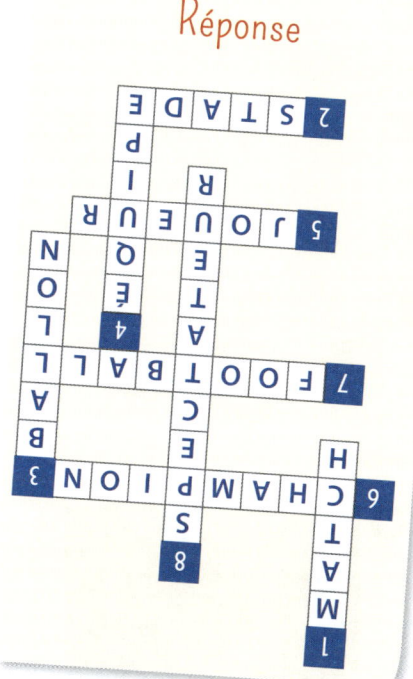

**Remettez les lettres dans l'ordre pour retrouver des mots du sport.
Ensuite, associez les mots et les dessins.**

A A E D S T

B A O B L N L

C A G S N T

D I G N R

E A I O L M L T

F A E I N R T R

G A E I N R P

H A E U E T R Q T

1

2

3

4

5

6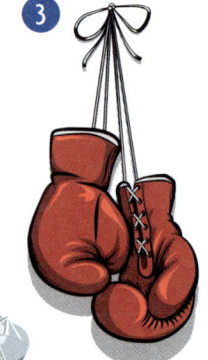

7

8

Réponse

A. STADE (dessin n°5) / B. BALLON (n°4) /
C. GANTS (n°3) / D. RING (n°6) / E. MAILLOT (n°7) /
F. TERRAIN (n°8) / G. PANIER (n°2) /
H. RAQUETTE (n°1)

Découpez les mots pour retrouver les phrases. Écrivez les phrases avec les espaces, les majuscules, les apostrophes (') et la ponctuation (. , -).

Exemple

lapétanqueestunsportpopulaireenfrance

→ *La pétanque est un sport populaire en France.*

1 lesportlepluspopulaireenfranceestlefootball

....

2 ensuiteilsagitdutennisetdeléquitation

....

3 enfrance600000personnesontunelicencedebasket

....

4 letourdefrancecyclisteestunévénementtrèsimportant

....

5 en2024lesjeuxolympiquessedéroulerontenfrance

....

Réponse

1. Le sport le plus populaire en France est le football.
2. Ensuite il s'agit du tennis et de l'équitation.
3. En France, 600000 personnes ont une licence de basket.
4. Le Tour de France cycliste est un événement très important.
5. En 2024, les Jeux olympiques se dérouleront en France.

38 Sports cachés

Retrouvez les trois mots et la phrase associés au sport qui sont cachés derrière ces rébus.

1 + **C** ....

2 + ...

3 + ...

4 + + + + **N I C E**

....

Réponse

1. DANSER (dent – C) / 2. JOUEUR (joue – heure)
3. COURIR (cou – rire) / 4. IL JOUE AU TENNIS (île – joue – eau – thé – Nice)

La ville, la campagne et le logement

Jeux

39	Dans ma ville	p. 50
40	Pas à sa place	p. 51
41	Des affiches	p. 52
42	À la campagne	p. 53
43	Des paysages	p. 54
44	Se loger	p. 55
45	Logements	p. 56

Objectifs

> Identifier le lexique de la ville et de la campagne.
> Déchiffrer des affiches urbaines.
> Employer le lexique du logement.

Retrouvez dans la grille 12 mots de la ville (→↓).
Avec les 7 lettres qui restent, vous trouvez un 13ᵉ mot.

B	O	U	L	E	V	A	R	D
Â	A	V	E	N	U	E	U	J
T	P	M	A	I	R	I	E	A
I	L	B	O	P	O	N	T	R
M	A	R	C	H	É	U	C	D
E	C	E	N	T	R	E	H	I
N	E	O	M	A	I	S	O	N
T	R	O	T	T	O	I	R	N

Le 13ᵉ mot est : ....

Réponse

Avec les lettres restantes, on peut écrire BOUCHON

Retrouvez les mots de la ville. Dans chaque liste, trouvez l'intrus et expliquez.

1

AVENUE   C _ _ _ _ _ _ _ _ _   P _ _ _ _   R _ _ _

2

É _ _ _ _ _   H _ _ _ _ _ _ _ _   M _ _ _ _ _ _   S _ _ _ _ _ _ _ _ _ _ _ _ _

3
 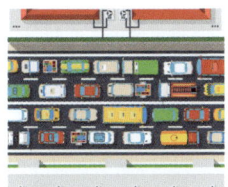  

B _ _ _ _ _   E _ _ _ _ _ _ _ _ _ _ _ _ _ _   J _ _ _ _ _ _   P _ _ _ _ _ _ _ _ _

L'ordinateur est cassé ! Complétez les mots avec des voyelles
(a, à, e, é, è, ê, i, o, u, y) pour retrouver des affiches urbaines.

1
T_ _l_tt_s
p_bl_q_ _s
` 200 m`tr_s

2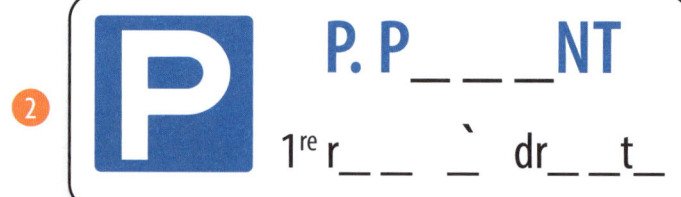
P. P_ _ _NT
1ʳᵉ r_ _ _ ` dr_ _t_

3
P_L_C_
N_T_ _N_L_
L_ c_mm_ss_r_ _t
_st f_rm´
d_ 22 h ` 6 h

4
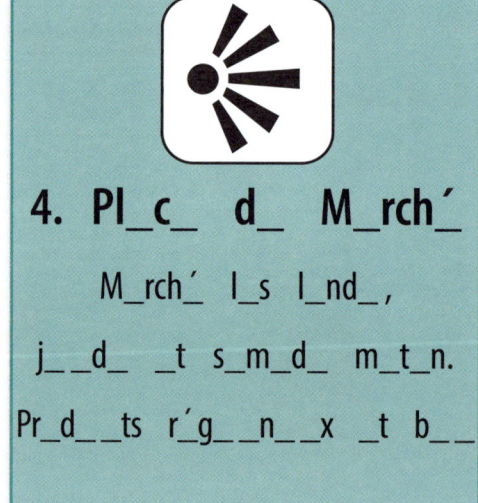
4. Pl_c_ d_ M_rch´
M_rch´ l_s l_nd_,
j_ _d_ _t s_m_d_ m_t_n.
Pr_d_ _ts r´g_ _n_ _x _t b_ _

Retrouvez les deux mots mélangés associés à la campagne.

Exemple

| O | N | A | C | A | M | T | U | P | A | R | E | G | N | E |

→ **0** Luc aime la *nature* et il vit à la *campagne*.

1 Il y a beaucoup d'.............................. dans la ....

A F E R N I M E M A U X

2 Dans la .... il y a de grands ....

F O A R R Ê T B R E S

3 Pour aller au ...., il y a un petit ....

V I L C H E L A M I N G E

4 À la ...., on trouve de belles..............................

C A M P L A N P A T E S G N E

Réponse

C A M P L A N P A T E S G N E
4. À la **campagne**, on trouve de belles **plantes**.
V I L C H E L A M I N G E
3. Pour aller au **village**, il y a un petit **chemin**.
F O A R R Ê T B R E S
2. Dans la **forêt**, il y a de grands **arbres**.
A F E R N I M E M A U X
1. Il y a beaucoup d'**animaux** dans la **ferme**.

Retrouvez les mots et placez-les au bon endroit sur les dessins.

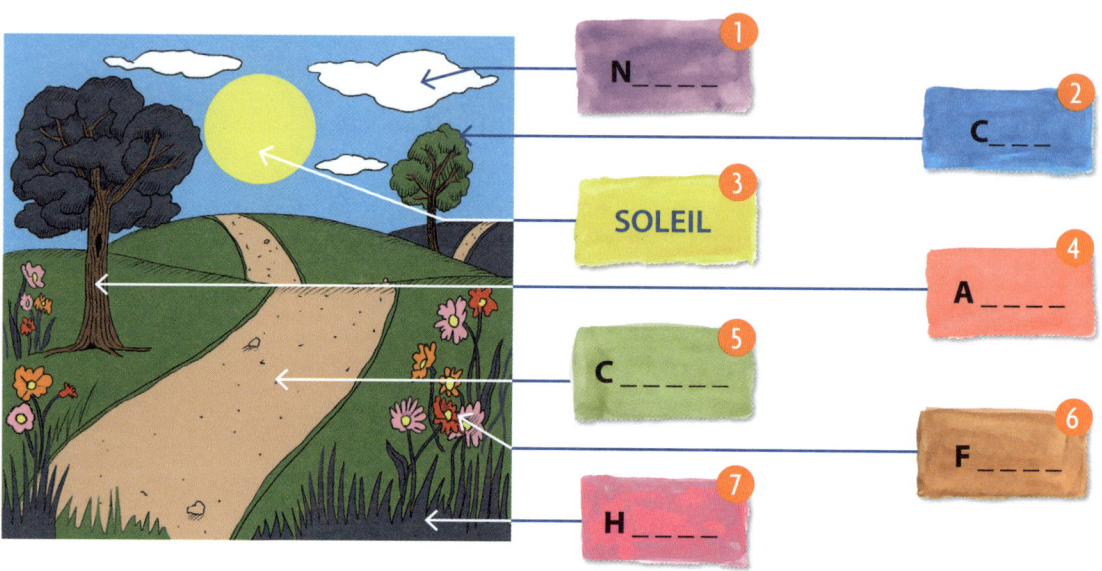

1 N _ _ _ _ _

2 C _ _ _

3 SOLEIL

4 A _ _ _ _ _

5 C _ _ _ _ _ _

6 F _ _ _ _ _

7 H _ _ _ _

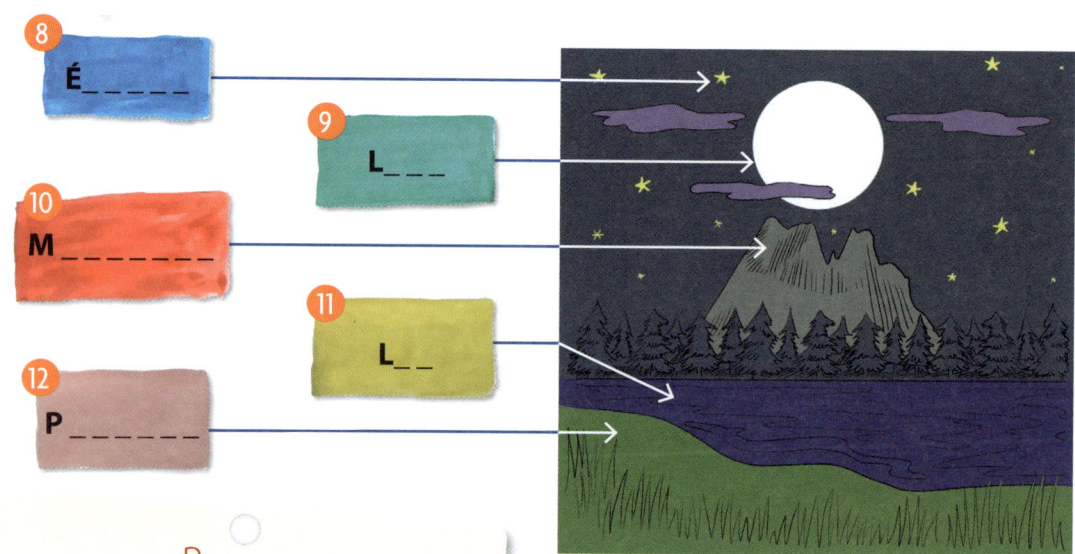

8 É _ _ _ _ _ _

9 L _ _ _

10 M _ _ _ _ _ _ _ _

11 L _ _

12 P _ _ _ _ _ _ _

Réponse

NUAGE (1) / CIEL (2) / SOLEIL (3) / ARBRE (4) / CHEMIN (5) / FLEUR (6) / HERBE (7) / ÉTOILE (8) / LUNE (9) / MONTAGNE (10) / LAC (11) / PRAIRIE (12) /

Se loger

Associez des étiquettes pour retrouver 8 mots du logement et associez-les à leurs définitions.

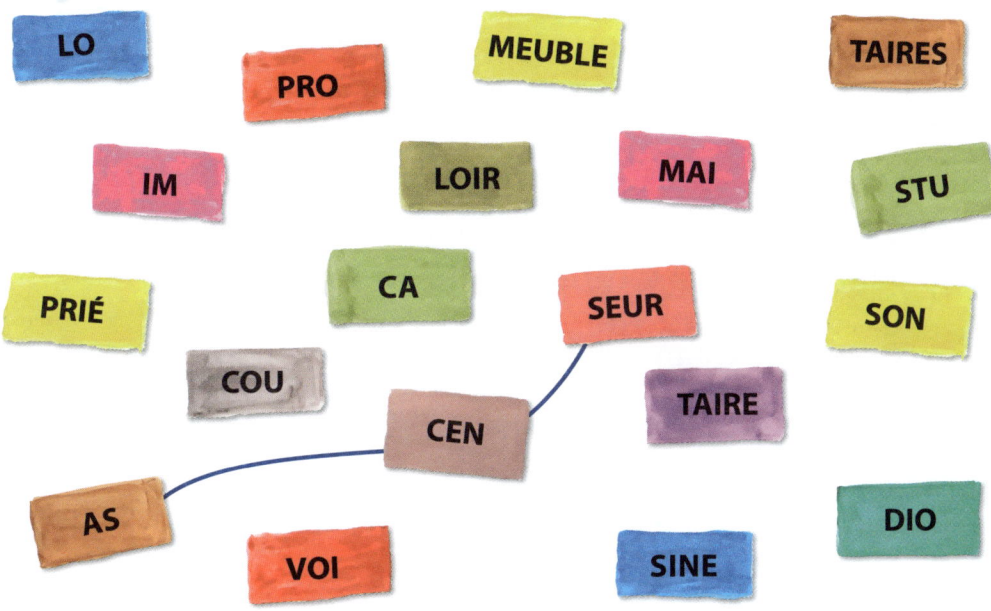

① On me prend pour monter à l'étage. Je suis l'**ASCENSEUR**.

② On me prend pour passer dans une autre pièce. Je suis un ....

③ Je suis un ensemble d'appartements. Je suis un ....

④ Nous louons un appartement. Nous sommes ....

⑤ Je suis un logement individuel. Je suis une ....

⑥ J'ai acheté un appartement. Je suis ....

⑦ Je suis un appartement d'une pièce.

Je suis un ....

⑧ Je m'appelle Lucie et j'habite à côté de Paul.

Je suis sa ....

Réponse

1. ASCENSEUR (AS-CEN-SEUR) / 2. COULOIR (COU-LOIR) / 3. IMMEUBLE (IM-MEUBLE) / 4. LOCATAIRES (LO-CA-TAIRES) / 5. MAISON (MAI-SON) / 6. PROPRIÉTAIRE (PRO-PRIÉ-TAIRE) / 7. STUDIO (STU-DIO) / 8. VOISINE (VOI-SINE)

Complétez la grille avec 9 types de logements.

 1
 2
 3
 4
 5

 6
 7
 8
 9

Grille : 1 IMMEUBLE (vertical)

Réponse

Les services publics et l'administration

Jeux

46	À la poste	p. 58
47	À la banque	p. 59
48	Au secours !	p. 60
49	Documents administratifs	p. 61
50	L'administration	p. 62

Objectifs

- Reconnaître le lexique de la poste et de la banque.
- Employer le lexique des secours.
- Identifier des documents administratifs.

Retrouvez les mots de la poste.
Pour vous aider : la 1ʳᵉ lettre du mot est en rouge.

Exemple

9 lettres :

Y	Ç	M	U	I
A	L	O	P	P
C	E	J	U	E
D	V	X	T	U
E	N	Q	L	O

→

Y	Ç	M	U	I
A	L	O	P	P
C	E	J	U	E
D	V	X	T	U
E	N	Q	L	O

→ *ENVELOPPE*

Q	U	N	O	C
T	Y	E	L	E
H	S	P	I	T
V	E	R	S	S
M	I	O	A	N

E	L	I	C	R
U	N	P	O	R
R	B	M	I	T
E	G	A	J	X
Z	U	N	S	P

C	I	D	U	L
L	A	N	I	E
U	E	R	T	T
K	H	U	S	C
P	R	E	B	A

1 5 lettres : . . . .

2 6 lettres : . . . .

3 6 lettres : . . . .

D	O	G	P	E
N	A	U	Ç	T
P	Y	I	O	L
U	J	C	U	B
T	E	H	N	E

E	T	E	R	D
L	A	I	P	I
U	R	R	M	U
O	I	P	O	J
C	K	E	T	A

M	A	R	U	E
U	N	P	A	T
V	P	É	D	I
P	X	O	B	U
I	E	Ç	E	Q

4 7 lettres : . . . .

5 8 lettres : . . . .

6 10 lettres : . . . .

D	E	S	T	I
U	W	P	E	N
N	Z	O	L	A
I	B	R	O	T
A	E	R	I	A

T	E	U	R	C
U	L	A	S	P
B	M	U	I	V
I	E	L	C	E
R	T	S	I	D

7 12 lettres : . . . .

8 12 lettres : . . . .

Remettez les lettres dans l'ordre pour compléter la grille.

Exemple

8 (12 lettres) : B D E I I R R S T T U U → *DISTRIBUTEUR*

5 lettres	6 lettres	7 lettres	8 lettres
1 A E C R T	**2** A E G N R T	**6** B E I L L S T	**7** A B E I N R Q U
	3 A E B N Q U		
	4 E È C H Q U		
	5 C E M O P T		

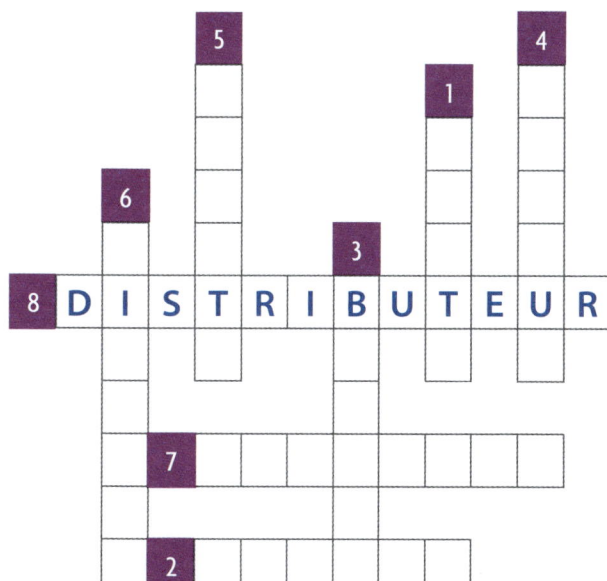

8 D I S T R I B U T E U R

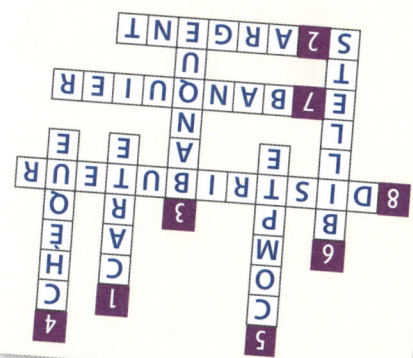

Réponse

Retrouvez les deux mots mélangés associés aux secours.

Exemple

P R O P O B L È L I C E M E

→ **0** Si vous avez un *problème*, appelez un agent de *police*.

1 La police fait une .... pour arrêter un ....

E N V O Q U Ê L E U R T E

2 Si vous devez faire une .... de vol,

allez au .... de police.

D É C O M C L A M I S R A S A T I O N R I A T

3 Le SAMU vous envoie une .... si vous avez

une .... médicale.

A M U R B U G E N C E L A N C E

4 Si vous voyez un ...., appelez les ....

I N P O M C E N P I E R S D I E

Réponse

L'ordinateur est cassé !
Complétez les mots avec des voyelles (a, à, e, é, è, ê, i, o, u)
pour retrouver des documents administratifs.

Exemple

_n_ c_rt_ d'_d_nt_t_ → *Une carte d'identité*

Vous allez à la mairie pour obtenir :

1 __n   p__ss__p__rt

2 __n __ct__   d__ n___ss__nc__

3 __n__   d__cl__r__t___n d__ d__c__s

4 __n c__rt__f__c__t d__ m__r___g__

Vous allez à la préfecture pour obtenir:

5 __n p__rm__s d__ c__nd___r__

Réponse

Retrouvez la phrase (pour les mêmes lettres, les mêmes symboles).

Exemple

L E   C E R T I F I C A T   D E   M A R I A G E

E S T   U N   D O C U M E N T   A D M I N I S T R A T I F

Réponse

Pour faire des papiers, il faut s'adresser à la mairie ou à la préfecture.

Restauration et repas

Jeux

51	Ratatouille	p. 64
52	La tarte au chocolat	p. 65
53	Au restaurant	p. 66
54	Spécialités gastronomiques	p. 67
55	Cuisine codée	p. 68

Objectifs

▶ Associer des ingrédients et des recettes.
▶ Reconnaître le lexique de la restauration.
▶ Découvrir des plats typiques français.

51 Ratatouille

Retrouvez les ingrédients de la ratatouille.
Pour vous aider : la 1re lettre du mot est en rouge.

Exemple

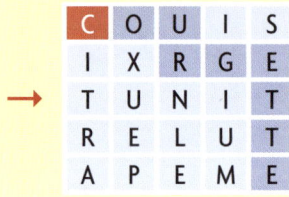

9 lettres : → → *COURGETTE*

A	L	E	N	L
M	T	P	I	C
A	U	C	G	Q
Y	B	E	R	U
J	A	D	E	I

I	N	E	G	I
E	D	E	R	T
L	A	T	I	S
J	M	C	T	Y
T	O	A	L	O

Q	U	A	P	R
C	E	I	O	S
Z	I	V	U	N
E	T	R	O	N
E	M	X	U	T

1 9 lettres : ....

2 6 lettres : ....

3 7 lettres : ....

E	T	I	L	E
G	N	O	N	V
I	J	U	L	E
O	W	A	U	T
P	C	I	S	K

F	R	P	A	D
A	E	C	I	U
B	S	A	L	M
K	U	S	D	E
L	I	T	R	E

B	Y	H	U	L
C	R	S	A	N
S	E	I	B	E
F	L	U	O	R
R	T	M	I	O

4 6 lettres : ....

5 3 lettres : ....

6 3 lettres : ....

P	F	I	T	P
U	D	E	B	O
J	U	R	V	I
A	S	Z	A	R
V	I	B	O	L

H	C	H	I	N
U	I	S	A	T
P	L	E	W	I
J	O	R	N	U
L	O	P	C	I

Réponse

1. Aubergine / 2. Tomate / 3. Poivron /
4. Oignon / 5. Ail / 6. Sel / 7. Poivre /
8. Huile

7 6 lettres : ....

8 5 lettres : ....

Retrouvez les ingrédients de la tarte au chocolat à partir des dessins.

Tarte au chocolat

Ingrédients pour 6 personnes

- Trois o..
- 150 grammes de f......................
- 200 grammes de s......................
- Un demi-litre de l.......................

- 200 grammes de c......................
- 100 grammes de b......................
- Une cuillère de c.......... f..............
- Une pincée de s.........................

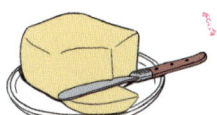

Réponse

Trois œufs / 200 grammes de chocolat / 150 grammes de farine / 100 grammes de beurre / 200 grammes de sucre / Une cuillère de crème fraîche / un demi-litre de lait / une pincée de sel

Remettez les lettres dans l'ordre pour retrouver 7 mots en relation avec le restaurant. Un 8ᵉ mot va apparaître dans les cases bleues.

1 E S E R S T D

2 E Î N D R

3 E T É N E R

4 E O U C R S T V

5 E R E V R

6 U N M E

7 A T C R E

1 | D | E | S | S | E | R | T |

2

3

4

5

6

7

Le 8ᵉ mot est :

....

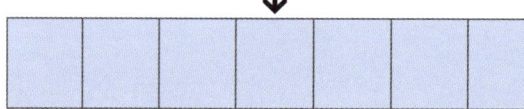

Remettez les lettres dans l'ordre pour retrouver le nom des spécialités régionales françaises.

1 A E O U C L S S T

C A S S O U L E T

2 E Î U H R S T

....

3 E Ê C P R

....

4 E I U C H Q

....

5 E O O U U C C H R T

....

6 A E O C G R S S T

....

7 E O U D F N

....

8 A A E I O U L L R T T

....

Retrouvez les mots qui se cachent derrière ces rébus.

Exemple

K +  → *K – fée = café*

1 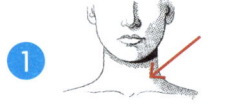 +  ....

2  +  + **A** ....

3  + **ce** +  ....

4  + 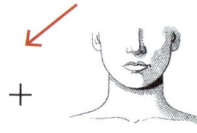 + ...

5 **Q** + **i** + **R** ....

Le travail

Jeux

56 Travailler et ne pas travailler p. 70
57 Quel travail ! p. 71
58 Lieux de travail p. 72
59 Vie professionnelle p. 73
60 Lettre de motivation p. 74
61 Affiches professionnelles p. 75
62 Faire grève p. 76

Objectifs

▷ Identifier les étapes d'un parcours professionnel.
▷ Caractériser un travail.
▷ Reconnaître des lieux de travail.

Complétez la grille avec des mots associés au travail.

Horizontalement (cases roses →)

1 Les professeurs sont en **GRÈVE** pour réclamer une augmentation de leurs salaires.

2 Paul travaille depuis chez lui.
Il est en ....

3 Chloé ne trouve pas de travail.
Elle est au ....

4 Malik travaille dans une boulangerie pour apprendre son métier.
Il est ....

5 Marianne est enceinte.
Elle a droit au .... maternité.

Verticalement (cases bleues ↓)

A Gabrielle cherche un ....
bien payé et agréable.

B Serge a 68 ans et il ne travaille plus. Il est à la ....

C Charlotte est à la fac. Elle cherche un .... en entreprise

D Amélie est avocate et elle a 5 semaines de .... par an.

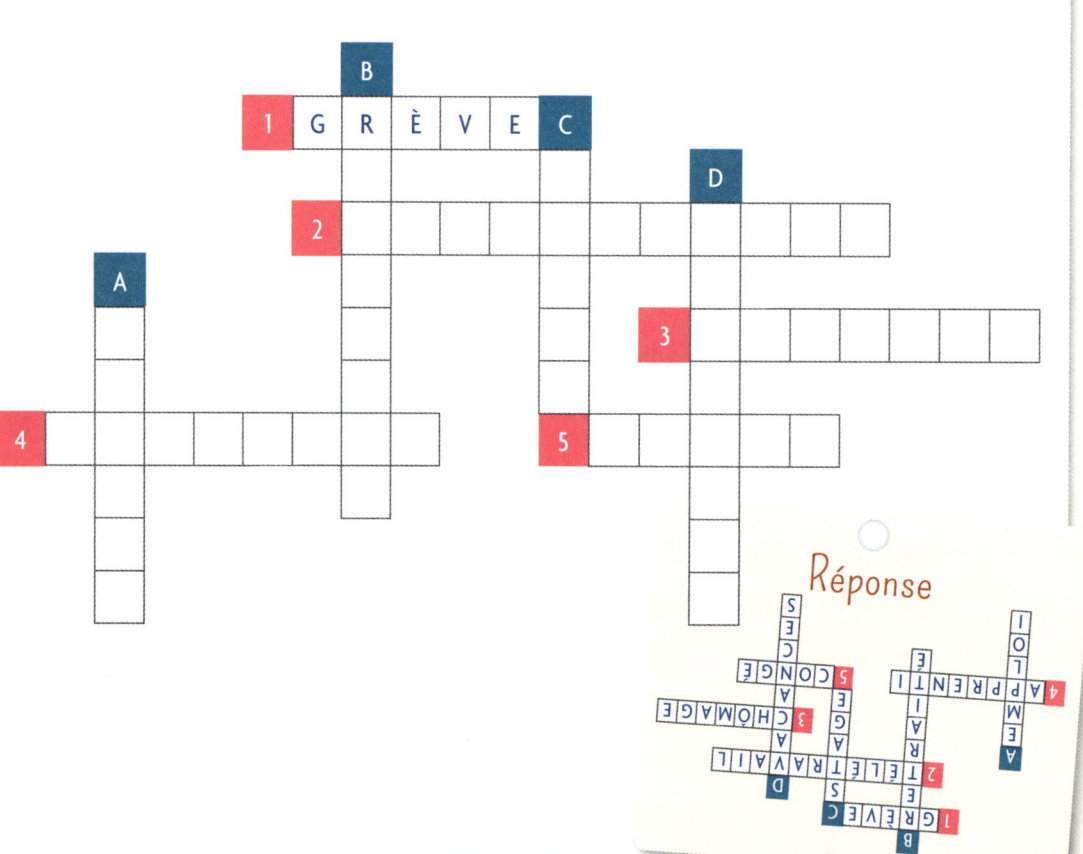

Réponse

57 Quel travail !

Remettez les lettres dans l'ordre pour compléter les phrases.

Exemple

Il aime son travail même si c'est parfois U D R .

→ Il aime son travail même si c'est parfois *dur*.

1 Je vais changer de travail car c'est trop A A I F G N T T .

....

2 Ce travail est E I I I C D F F L

mais il est E I B N   A É Y P .

....

3 J'adore mon travail : il est A A E É B G L R et

A É E I N T R S S T N .

....

4 C'est un travail A A I L N S S S T et A L M

A Y É P . Je le déteste.

....

Réponse

1. Je vais changer de travail car c'est trop fatigant.
2. Ce travail est difficile mais il est bien payé.
3. J'adore mon travail. Il est agréable et intéressant.
4. C'est un travail salissant et mal payé. Je le déteste.

71

58 Lieux de travail

Remettez les lettres dans l'ordre pour compléter la grille.

Exemple

7 (10 lettres) : E E E I N P R R S T → *ENTREPRISE*

5 lettres	6 lettres	7 lettres
1 E I N S U	**2** A B E R U U	**4** A B C E I N T
	3 A I M N O S	**5** A A G I M N S
		6 C É É I O S T

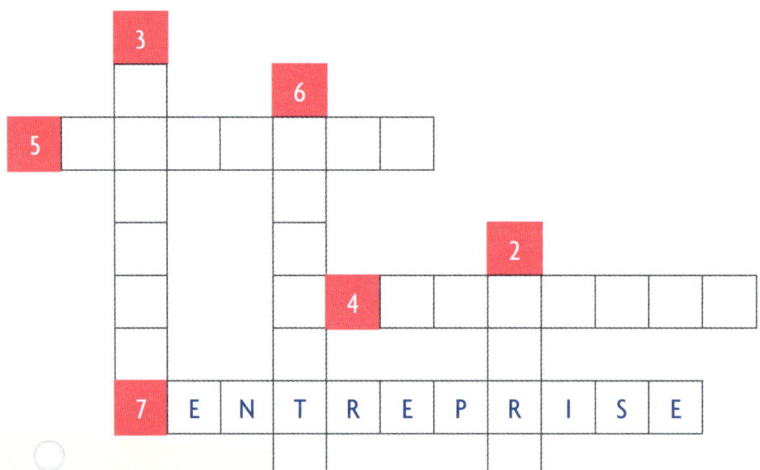

7 E N T R E P R I S E

Réponse

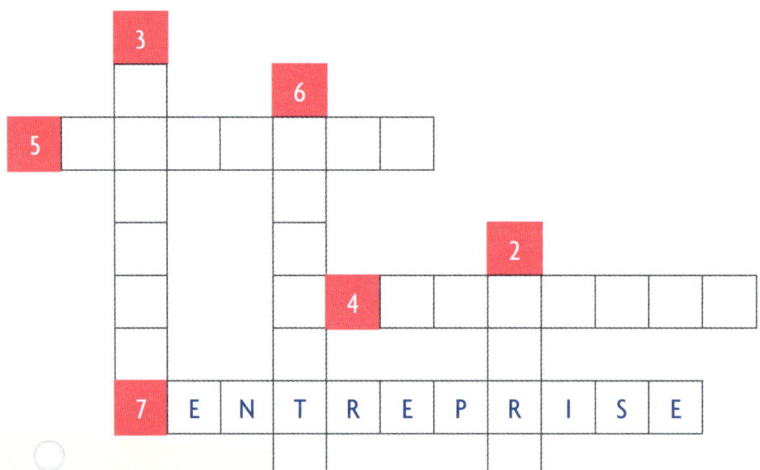

Associez deux étiquettes pour retrouver des actions de la vie professionnelle.

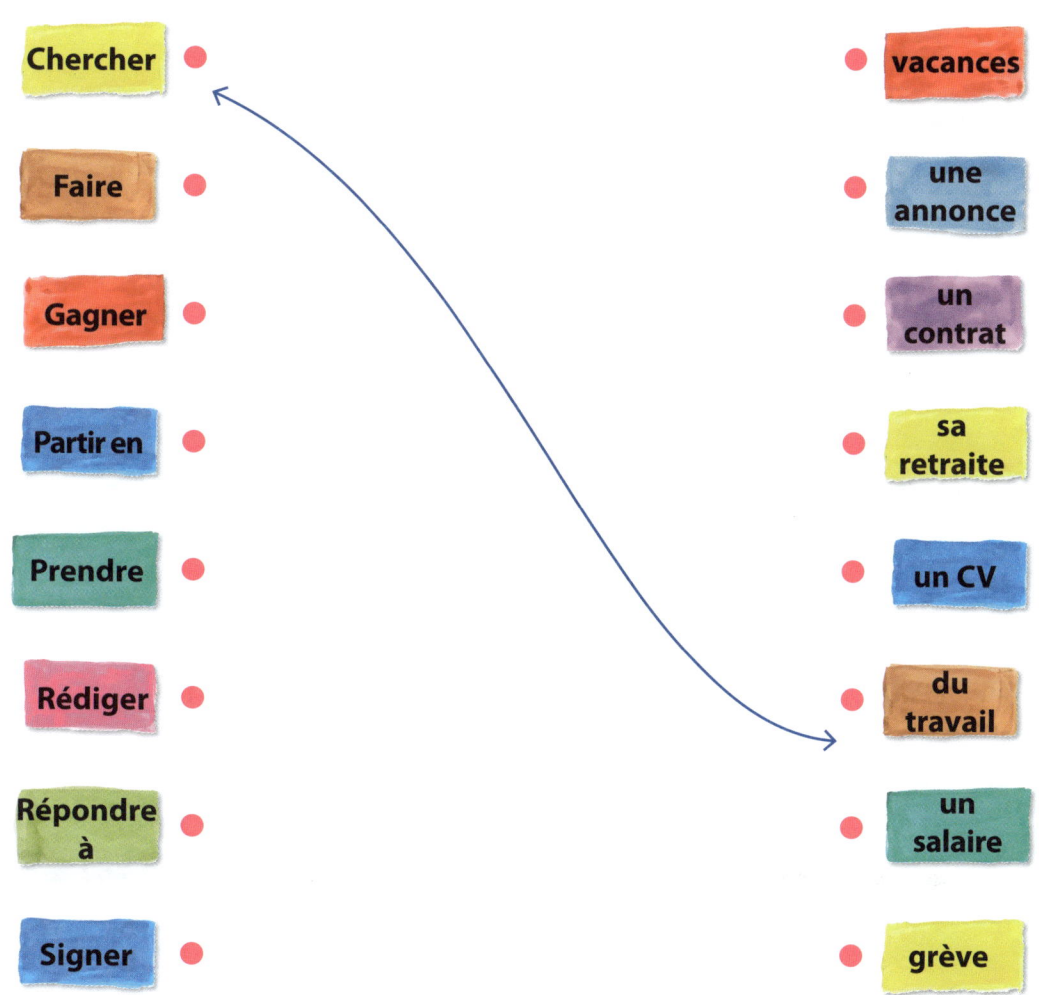

Chercher •
Faire •
Gagner •
Partir en •
Prendre •
Rédiger •
Répondre à •
Signer •

• vacances
• une annonce
• un contrat
• sa retraite
• un CV
• du travail
• un salaire
• grève

Réponse

Chercher du travail / Faire grève / Gagner un salaire / Partir en vacances / Prendre sa retraite / Rédiger un CV / Répondre à une annonce / Signer un contrat

60 Lettre de motivation

L'ordinateur est cassé !
Complétez les mots avec des voyelles (a, à, e, é, è, ê, i, o, u, y)
pour retrouver le message.

La   lettre de motivation est

__n d__c__m__nt q___ __cc__mp__gn__ l__ CV.

__ll__ __xp__s__ l__ p__rc__ __rs ,

l__s c__mp__t__nc__s __t l__s qu__l__t__s

pr__f__ss__ __nn__ll__s d'__n c__nd__d__t.

P__ __r __n__ l__ttr__ d__ m__t__v__t__ __n

r__ __ss__ __, s__ __ __ __z cl__ __r __t p__l__ !

Réponse

La lettre de motivation est un document qui accompagne le CV.
Elle expose le parcours, les compétences et les qualité
professionnelles d'un candidat. Pour une lettre de motivation
réussie, soyez clair et poli !

Mettez les lettres dans l'ordre pour retrouver les phrases.
Pour vous aider : la première et la dernière lettre de chaque mot
(en rouge) restent à la bonne place.

1 ....

2 ....

EEINPRRSTE
DE BÂEIMNTT
REECCHHRE
EÉOYLMPS A
TMEPS PEIARTL

3 ....

4 ....

Réponse

1. Bureau du patron
2. Défense de fumer dans les couloirs
3. Entreprise de bâtiment recherche employés à temps partiel
4. Usine en grève pour la hausse des salaires

Remettez dans l'ordre les lettres des mots pour retrouver le message.

E L S   E E I O O F L N N P R S S

....

E D   A L   A É N S T   O N T V   A E I F R

....

E È G R V   E L   I O M S   A I O C H N P R .

....

I S L   A A E I L L N R T T V   A E O U U B C P

....

A I M S   L I S   O N S T   A L M   A É Y P S .

....

E L   A I Y C D N S T   E L S   A E I D

....

À   A E É P P R R R   A L   E È G R V .

....

Voyages et tourisme

Jeux

63	Déplacements	p. 78
64	Billet électronique	p. 79
65	Bienvenue à l'hôtel	p. 80
66	Partons en vacances	p. 81
67	Partir à l'étranger	p. 82
68	Voyage secret	p. 83
69	Vacances	p. 84

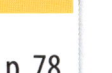

Objectifs

- ▷ Utiliser le lexique des déplacements.
- ▷ Lire un billet électronique.
- ▷ Identifier les étapes d'un voyage.

Observez les dessins pour retrouver 12 mots associés aux voyages.

 A

 B

 C

 D

 E

 F

 G

 H

 I

 J

 K

 L

1. A **V I O N**   Dessin : **H**
2. B __ __ __ __ __   Dessin : ....
3. B __ __ __ __ __ __   DE   T __ __ __ __   Dessin : ....
4. C __ __   Dessin : ....
5. C __ __ __ __ __ __ __ __ __ __ __   Dessin : ....
6. F __ __ __ __ __ __ __ __   Dessin : ....
7. G __ __ __   Dessin : ....
8. G __ __ __ __ __ __   Dessin : ....
9. P __ __ __ __ __ __ __ __   Dessin : ....
10. P __ __ __ __ __ __ __ __ __   Dessin : ....
11. Q __ __ __ __   Dessin : ....
12. T __ __ __ __ __   Dessin : ....

64 Billet électronique

Remettez les mots du billet électronique à leur place.

ARRIVÉE   BAGAGES   BILLET   DATE

DÉPART   IDENTITÉ   PASSAGER   VOL

 AIR FLE   Billet électronique

Référence de votre réservation : 101JEUX
À l'aéroport, vous devez présenter une pièce d'...........................①

②..................................   ③..................................

RODRIGUEZ MARIA MME   101 101 101 101 101

ITINÉRAIRE

④	⑤	⑥	⑦ VOL	Fin d'enregistrement	⑧ Total de	Classe
15 janvier	05:05 Buenos Aires	22:15 Paris	AFLE 101	06:55	1 (23 kg)	D
25 janvier	13:00 Paris	22:10 Buenos Aires	AFLE 102	12:00	1 (23 kg)	D

Réponse

1. IDENTITÉ / 2. PASSAGER / 3. BILLET / 4. DATE / 5. DÉPART / 6. ARRIVÉE / 7. VOL / 8. BAGAGES

Découpez pour retrouver 10 mots de l'hôtel et associez-les aux dessins.

Bagages/chambrepiscineréceptionparkingcouloirminibarrestaurantascenseurréceptionniste

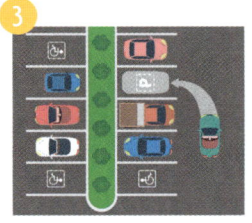

....

....

....

....

....

....

....

....

....

Bagages ....

Complétez les phrases pour retrouver les étapes du voyage de vacances.

C'est parti !

1 Acheter des **billets d'avion**

2 Faire une

3 Obtenir un

4 Ne pas oublier le

5 Faire sa

10 Profiter des

9 Faire l'

8 Passer la

7 Prendre l'

6 Faire l'

valise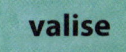

douane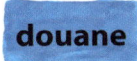

carnet de vaccination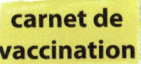

vacances

enregistrement à l'aéroport

billets d'avion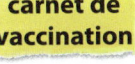

avion

enregistrement à l'hôtel

visa

réservation d'hôtel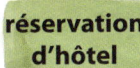

67 Partir à l'étranger

Retrouvez les deux mots mélangés associés à un départ à l'étranger.

Exemple

On aime faire du *tourisme* et on part souvent à l'*étranger*.

| O | T | O | U | É | R | I | S | T | R | A | N | M | E | G | E | R |

1 Pour partir à l'étranger, il faut un..................................

et parfois un....................................... .

| P | A | S | V | I | S | E | S | A | P | O | R | T |

2 Pour passer la..................., il faut s'arrêter à la............................... .

| F | R | O | N | D | O | U | T | I | A | N | E | È | R | E |

3 La douane contrôle les.............................. des.............................. .

| B | A | P | A | S | G | A | S | A | G | E | S | G | E | R | S |

4 Pour aller dans certains pays, il faut présenter un...............................

de............................... .

| J | U | S | V | A | C | T | I | C | I | F | I | N | A | C | A | T | I | O | N | T | I | F |

Réponse

1. Pour partir à l'étranger, il faut un passeport et parfois un visa.
2. Pour passer la frontière, il faut s'arrêter à la douane.
3. La douane contrôle les bagages des passagers.
4. Pour aller dans certains pays, il faut présenter un justificatif de vaccination.

Découvrez le voyage secret d'Annie (pour les mêmes lettres, les mêmes symboles).

Exemple

A N N I E   A D O R E   F A I R E   D U   T O U R I S M E

Recopiez la lettre de la bonne réponse dans les cases en bas.
Un mot secret en rapport avec le thème va apparaître.

1 On prend le bateau...

R   à l'aéroport

S   à la gare

T   **au port**

2 Pour prendre l'avion, il faut acheter...

I   une place

O   un billet

U   un ticket

3 Pour voyager à l'étranger, il faut...

U   un passeport

O   un permis de conduire

E   un justificatif de domicile

4 La douane...

R   contrôle les bagages

S   embarque les passagers

T   vend des billets d'avion

5 Le client qui arrive à l'hôtel doit faire...

A   la remise des clés

E   la réservation

I   l'enregistrement

6 On réserve une chambre simple quand on voyage...

P   en couple

S   seul

T   en famille

7 Le professionnel qui accompagne les touristes est le...

B   commissaire

G   conseiller

M   guide

8 Au camping, on dort...

A   dans une chambre

E   sous une tente

I   dans un bateau

Mot secret :

1	2	3	4	5	6	7	8
T							

Réponse

1. au port / 2. un billet / 3. un passeport /
4. contrôle les bagages / 5. l'enregistrement /
6. seul / 7. guide / 8. sous une tente
Mot secret : TOURISME

Les médias et réseaux sociaux

Jeux

70 Médias   p. 86
71 Programme télé   p. 87
72 Réseaux sociaux   p. 88
73 Internet et moi   p. 89
74 Connectés   p. 90

Objectifs

▷ Identifier les médias conventionnels.
▷ Parler des réseaux sociaux.

Retrouvez 5 types de médias (pour les mêmes lettres, les mêmes symboles).
Pour vous aider : les lettres qui ne se répètent pas sont données.

Exemple

P R E S S E

É C R I T E

1

2

M   G   Z

3

D

4

5

Réponse

1. Site internet / 2. Magazine-revue / 3. Radio / 4. Télévision / 5. Réseau social.

86

Programme télé

Retrouvez 4 types d'émissions de télé.
Pour vous aider : la 1ʳᵉ lettre du mot est en rouge.

Exemple

11 lettres :

A	N	É	A	L
T	I	R	H	I
É	L	É	U	T
M	I	C	R	É
Q	U	P	A	S

→ *Téléréalité*

A	N	É	A	L
T	I	R	H	I
É	L	É	U	T
M	I	C	R	É
Q	U	P	A	S

D	O	P	R	O
E	C	T	A	S
L	U	M	E	N
I	U	T	L	T
P	E	R	I	A

1 12 lettres : ....

B	R	F	I	A
M	E	N	L	M
T	L	U	Y	V
P	T	C	R	E
O	P	U	Z	A

2 4 lettres : ....

S	T	J	O	E
U	N	B	U	L
N	X	I	R	M
I	L	A	N	O
R	A	L	E	V

3 7 lettres : ....

D	U	L	L	E
A	M	E	C	R
I	R	I	T	M
S	É	E	I	Z
M	I	Q	U	E

4 5 lettres : ....

72 Réseaux sociaux

Dans chaque ligne, retrouvez un mot en relation avec les réseaux sociaux.

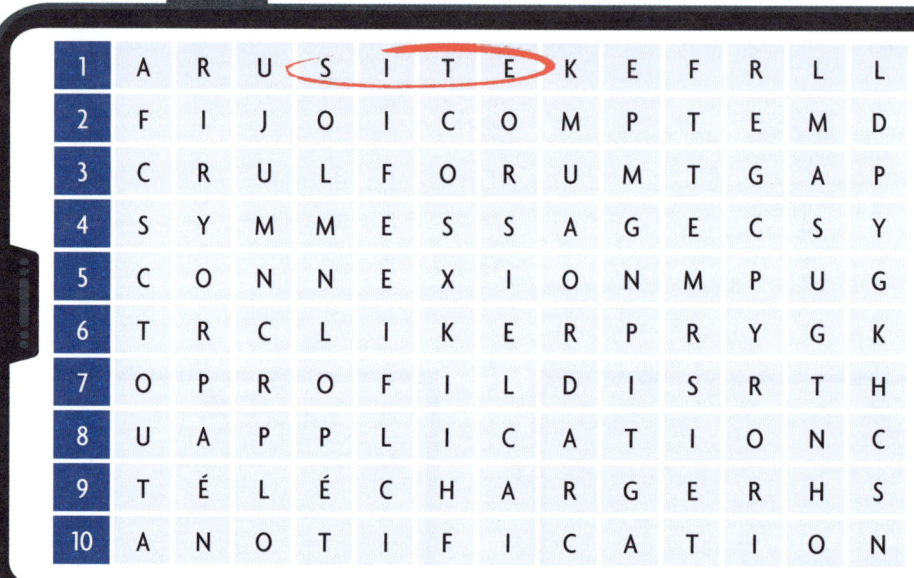

1	A	R	U	S	I	T	E	K	E	F	R	L	L
2	F	I	J	O	I	C	O	M	P	T	E	M	D
3	C	R	U	L	F	O	R	U	M	T	G	A	P
4	S	Y	M	M	E	S	S	A	G	E	C	S	Y
5	C	O	N	N	E	X	I	O	N	M	P	U	G
6	T	R	C	L	I	K	E	R	P	R	Y	G	K
7	O	P	R	O	F	I	L	D	I	S	R	T	H
8	U	A	P	P	L	I	C	A	T	I	O	N	C
9	T	É	L	É	C	H	A	R	G	E	R	H	S
10	A	N	O	T	I	F	I	C	A	T	I	O	N

Réponse

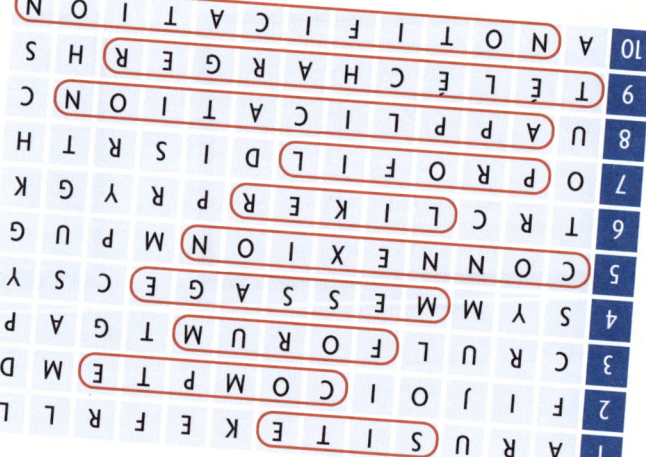

88

73 Internet et moi

L'ordinateur est cassé ! Il n'y a plus d'espace entre les mots.
Écrivez les phrases avec les espaces, les majuscules, les apostrophes (')
et la ponctuation (. , -).

Exemple

pourenvoyerdesmessagessurlesréseauxsociauxilfautseconnecter

→ *Pour envoyer des messages sur les réseaux sociaux, il faut se connecter.*

1 jepostedesphotossurmonréseausocialpréféré

....

2 jécoutedespodcastslesdimanches

....

3 jenvoiedesmessagesàmesamis

....

4 jaimeliredesarticlessurinternet

....

5 jenaviguesurinternetdeuxheuresparjour

....

6 jetéléchargedesjeuxsurmonsmartphone

....

Réponse

1. Je poste des photos sur mon réseau social préféré.
2. J'écoute des podcasts les dimanches.
3. J'envoie des messages à mes amis.
4. J'aime lire des articles sur internet.
5. Je navigue sur internet deux heures par jour.
6. Je télécharge des jeux sur mon smartphone.

74 Connectés

À l'aide des dessins, retrouvez les messages.

Exemple

  sur  → *J'adore surfer sur Internet.*

---

1  de la  sur mon

---

2   sur ma

---

3   des  sur mes

---

4   des  et de la  sur mon

Réponse

1. J'aime écouter de la musique sur mon smartphone/portable/téléphone.
2. J'adore lire sur ma tablette/liseuse.
3. J'aime envoyer des messages sur mes réseaux sociaux.
4. J'adore télécharger des films et de la musique sur mon smartphone/portable/téléphone.

Les arts et la culture

Jeux

75 Un peu de culture   p. 92

76 Au musée   p. 93

77 Le 7e art   p. 94

78 L'art de l'écriture   p. 95

79 Littérature française   p. 96

80 Sortie culturelle   p. 97

81 Je suis quoi ?   p. 98

Objectifs

▷ Reconnaître des lieux culturels.

▷ Employer le lexique des arts.

▷ Identifier des métiers de la culture.

Remettez les lettres dans l'ordre pour retrouver 7 lieux culturels.
Un 8ᵉ mot en rapport avec le thème va apparaître dans les cases bleues.

1. AEEIGLR
2. AÉOPR
3. ÂEÉHRTT
4. EÈIIOUBBHLQT
5. EIIOONPSTX
6. AEIFLSTV
7. EÈCNS

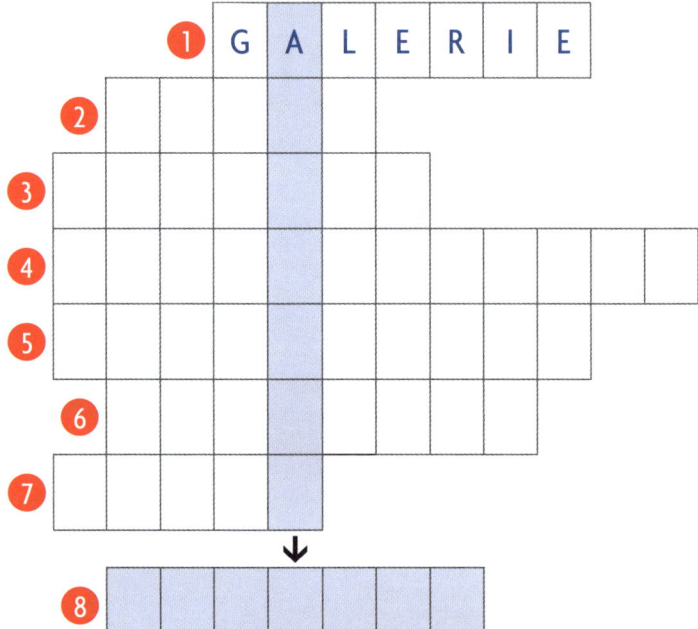

1. GALERIE

Le 8ᵉ mot est :

....

Réponse

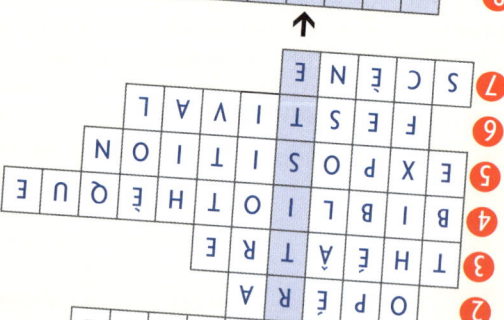

8. ARTISTE

1. GALERIE
2. OPÉRA
3. THÉÂTRE
4. BIBLIOTHÈQUE
5. EXPOSITION
6. FESTIVAL
7. SCÈNE

Au musée

Associez deux étiquettes pour retrouver des mots en lien avec le musée.

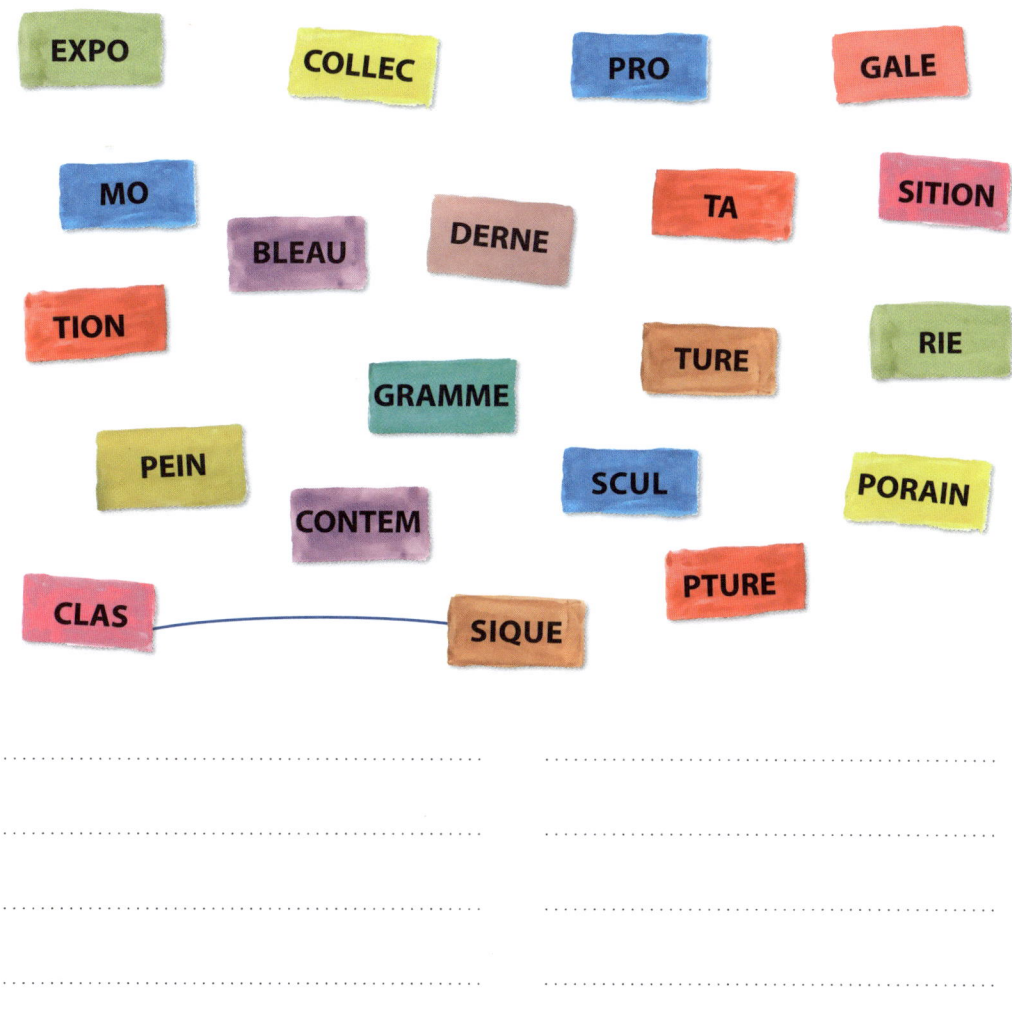

EXPO · COLLEC · PRO · GALE · MO · TA · SITION · BLEAU · DERNE · TION · RIE · TURE · GRAMME · PEIN · SCUL · PORAIN · CONTEM · CLAS · PTURE · SIQUE

....

....

....

....

....

Retrouvez 11 mots associés au cinéma : horizontalement (→)
ou verticalement (↓). Avec les 16 lettres restantes, vous trouvez le nom
d'un grand événement français du cinéma (3 mots).

R	A	C	T	R	I	C	E	B
É	A	F	I	L	M	F	P	I
A	N	E	S	T	I	C	R	L
L	I	V	A	A	L	I	O	L
I	M	D	F	A	S	N	G	E
S	A	E	F	C	C	É	R	T
A	T	C	I	T	È	M	A	E
T	I	A	C	E	N	A	M	R
E	O	N	H	U	E	N	M	I
U	N	E	E	R	S	S	E	E
R	F	E	S	T	I	V	A	L

Avec les lettres restantes, on trouve :

....

**Recopiez la lettre de la bonne réponse dans les cases en bas.
Un mot secret en rapport avec le thème va apparaître.**

1 Ouvrage en vers.

L **Poème**

M Roman

N Nouvelle

2 L'art de l'écriture..

A Conte

E Littérature

I Roman

3 La personne qui écrit un livre.

B Acteur

C Auteur

F Personnage

4 Histoire racontée par une suite de dessins.

S Fable

V Pièce de théâtre

T Bande dessinée

5 Livre qui raconte l'histoire de la vie d'une personne.

U Biographie

O Poésie

I Essai

6 Magasin où l'on vend des livres.

R Librairie

P Bibliothèque

M Marché

7 Lieu où sont classés des livres pour la lecture ou pour le prêt.

A Kiosque

E Bibliothèque

I Librairie

Mot secret :

1	2	3	4	5	6	7
L						

Réponse

1. Poème / 2. Littérature / 3. Auteur / 4. Bande dessinée /
5. Biographie / 6. Librairie / 7. Bibliothèque
Mot secret : LECTURE

79 Littérature française

Remplacez les mots par leur contraire et retrouvez ces titres de livres.

Exemple

Émile Zola
Au malheur des hommes

→

Émile Zola
Au bonheur des dames

Réponse

1. L'Avare / 2. L'homme qui rit / 3. Bel-Ami / 4. Bonjour tristesse

Molière
Le généreux

Victor Hugo
La femme qui pleure

1 ....

2 ....

Guy de Maupassant
Laid-Ennemi

Françoise Sagan
Au revoir joie

3 ....

4 ....

Complétez la grille avec ces 8 activités artistiques.

1
2
3
4

A
B
C
D

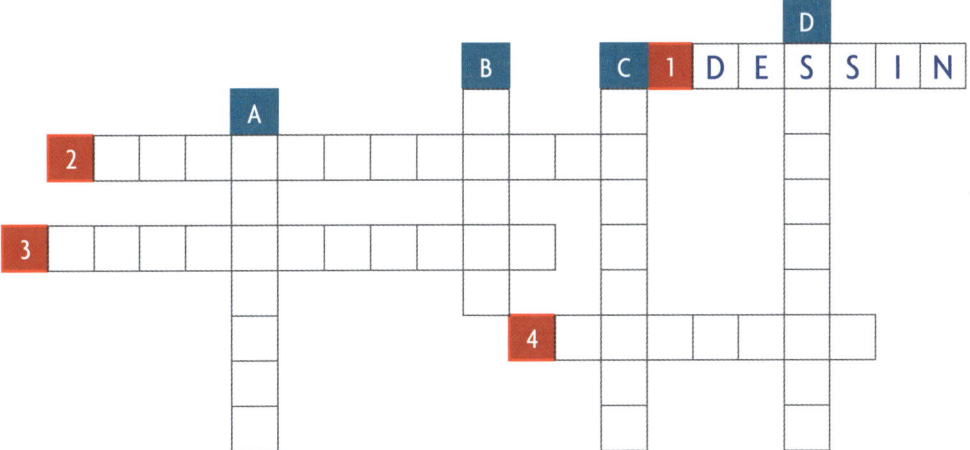

Réponse

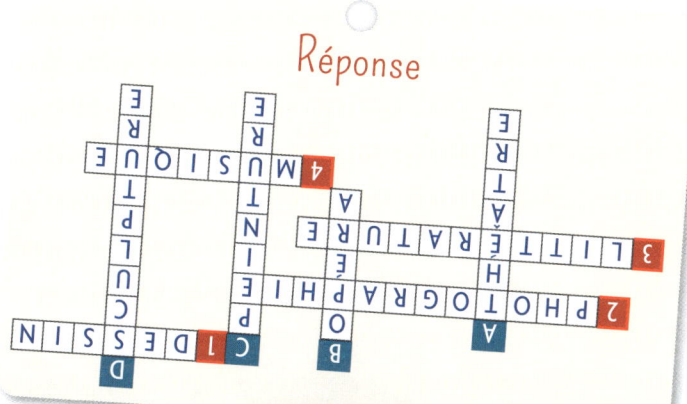

81 Je suis quoi ?

Retrouvez des métiers des arts et de la culture.

Exemple

0 J'aime écrire.

On trouve mes œuvres dans les librairies.

Je m'appelle Marguerite Duras.

Je suis *Écrivain*.

1 • Je vois la vie en rose !   • J'ai une belle voix.

• Je m'appelle Édith Piaf.

Je suis C . . . .

2 • J'adore le cinéma !   • Je dirige des acteurs.

• Je m'appelle Jean-Luc Godard.

Je suis R . . . .

3 • Mon travail est artistique ou technique.

• Mes objets de travail sont la feuille blanche et le crayon !

• Je m'appelle Plantu.

Je suis D . . . .

4 • J'aime les couleurs et les fleurs.   • Je fais de beaux tableaux !

• Je m'appelle Claude Monet.

Je suis P . . . .

Études et système éducatif

Jeux

82 Études — p. 100

83 Au lycée — p. 101

84 À l'université — p. 102

85 Sur le campus — p. 103

86 Cours de langue — p. 104

87 Au collège, au lycée ou à la fac — p. 105

88 Enseignement en ligne — p. 106

Objectifs

➤ Identifier des parcours d'études.

➤ Maîtriser le vocabulaire de l'enseignement.

➤ Reconnaître le matériel scolaire.

Retrouvez les deux mots mélangés associés à des parcours d'études.

Exemple

→ Un *enfant* âgé de 3 ans va à l'école *maternelle*.

E M A N T E R F N E L A L E N T

1 Jules a 8 ans et il va à l'école ....

Son frère a 12 ans et il va au ....

P R I C O L M A I L È R E G E

2 Joël est au ....

Il se prépare pour passer le ....

L B A C Y C A C L A U É R É E A T

3 Lucie est .... Elle va à l'.. .

É U T U N I D I V E R A N T S I E T É

4 Léo a un .... en biologie.

Maintenant, il est en .... 1.

D I M A S P L Ô T E R M E

Réponse

4. Léo a un **diplôme** en biologie. Maintenant, il est en **master** 1.
3. Lucie est **étudiante**. Elle va à **l'université**.
2. Joël est au **lycée**. Il se prépare pour passer le **baccalauréat**.
1. Jules a 8 ans et il va à l'école **primaire**. Son frère a 12 ans et il va au **collège**.

Associez deux étiquettes pour retrouver 5 matières du lycée français.

et sportive

Sciences économiques

Physique -

chimie

Sciences de la vie

Histoire -

....

....

....

....

....

et de la Terre

Éducation physique

et sociales

géographie

Réponse

Éducation physique et sportive /
Histoire-géographie / Physique-chimie /
Sciences économiques et sociales /
Sciences de la vie et de la Terre

Dans chaque ligne, retrouvez un mot en relation avec l'université.

1	A	S	É	T	U	D	I	A	N	T	F	I
2	E	C	O	U	R	S	D	E	T	U	L	O
3	R	I	L	A	C	L	A	S	S	E	M	S
4	D	I	P	L	Ô	M	E	T	I	M	P	E
5	C	H	O	E	X	A	M	E	N	V	E	F
6	P	R	E	C	H	E	R	C	H	E	M	U
7	A	D	R	E	C	A	M	P	U	S	S	I
8	O	U	J	S	A	R	T	S	T	A	G	E
9	E	W	F	A	C	U	L	T	É	C	O	V
10	G	I	S	C	U	M	A	S	T	E	R	T

Réponse

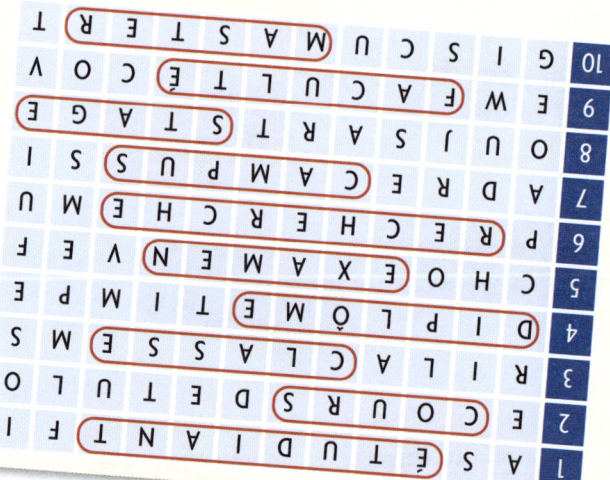

Remettez dans l'ordre les lettres pour retrouver 6 lieux qui se trouvent sur le campus.

1
TEIBTMÂN D' TEMIGESENNEN

2
EUCIACL

3

HEQBOILTBIÈU

4

espresso
IÉTFACÉRA

6

NMEOLGET TIATÉDUNS

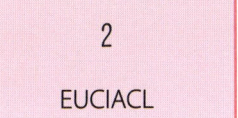

5

NAEURATSRT AIREINEUVSTRI

1 ....

2 ....

3 ....

4 ....

5 ....

6 ....

Réponse

1. Bâtiment d'enseignement / 2. Accueil / 3. Bibliothèque / 4. Cafétéria / 5. Restaurant universitaire / 6. Logement étudiants

Retrouvez 6 actions du cours de langue et associez-les aux dessins.
Pour vous aider : la 1re lettre du mot est en rouge.

R	G	E	R
E	I	D	S
G	A	R	P
O	U	T	E

J	E	C	I
A	R	E	D
Y	M	L	U
P	A	R	Z

Q	U	J	O
A	S	D	U
L	I	L	O
P	R	E	M

1 Regarder (dessin E)

2 ....

3 ....

R	I	R	M
C	T	E	A
É	E	N	X
P	I	T	E

A	É	P	U
Y	C	R	I
F	O	U	V
R	E	T	E

D	E	M	D
R	S	U	I
E	L	C	A
U	G	O	L

4 ....

5 ....

6 ....

A

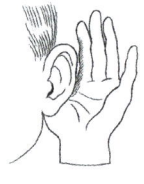
B

C

D

E

F

Réponse

Nommez ces objets et cherchez la lettre commune à chaque groupe d'objets.

Exemple

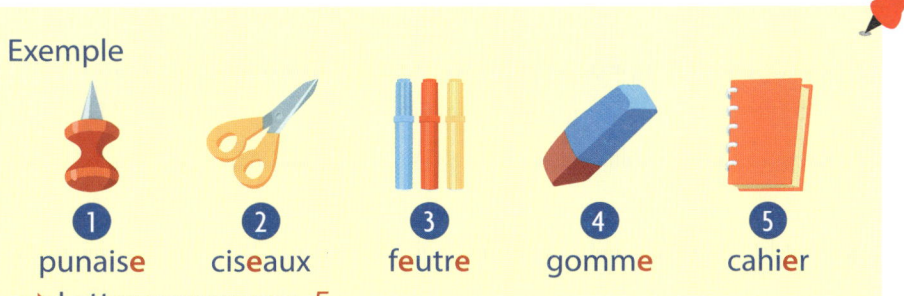

① punais**e**   ② cis**e**aux   ③ **f**eutre   ④ gomm**e**   ⑤ cah**i**er

→ Lettre commune : *E*

Groupe A

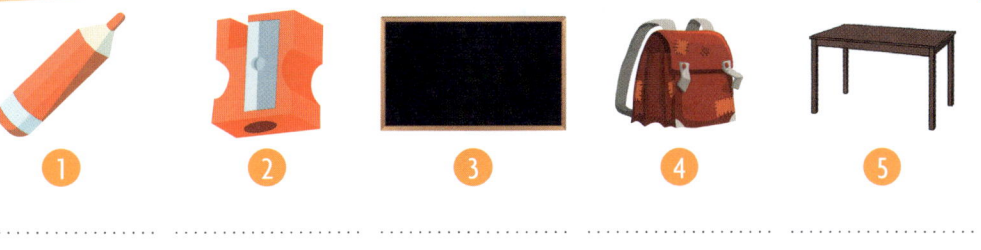

① ② ③ ④ ⑤

....

Lettre commune : ....

Groupe B

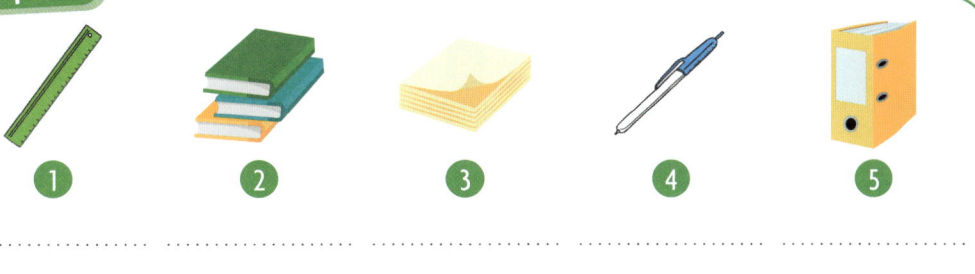

① ② ③ ④ ⑤

....

Lettre commune : ....

Réponse

Chaque nombre correspond à une lettre (1 = A, 2 = B, 3 = C, etc.).
Trouvez le message secret sur l'enseignement en ligne.

12'	5	14	19	5	9	7	14	5	13	5	14	20		5	14		12	9	7	14	5
L'	E	N	S	E	I	G	N	E	M	E	N	T									

19	5		6	1	9	20		1		4	9	19	20	1	14	3	5

16	15	21	18		5	20	21	4	9	5	18

1		12	1		13	1	9	19	15	14		9	12		6	1	21	20

21	14		15	18	4	9	14	1	20	5	21	18		15	21		21	14	5

20	1	2	12	5	20	20	5		5	20		21	14	5

3	15	14	14	5	24	9	15	14		9	14	20	5	18	14	5	20

Réponse

L'enseignement en ligne se fait à distance. Pour étudier à la maison, il faut un ordinateur ou une tablette et une connexion internet.

L'environnement et la nature

Jeux

89 Quel temps il fait ?  p. 108

90 Bulletin météo p. 109

91 Paysages p. 110

92 Environnement p. 111

93 Comment vous protégez la planète ? p. 112

94 Animaux cachés p. 113

95 Portraits d'animaux p. 114

Objectifs

> Comprendre la météo.
> Décrire des paysages.
> Identifier des animaux.

Quel temps il fait ?

Complétez la grille avec des mots de la météo.
Un 6ᵉ mot va apparaître dans les cases bleues.

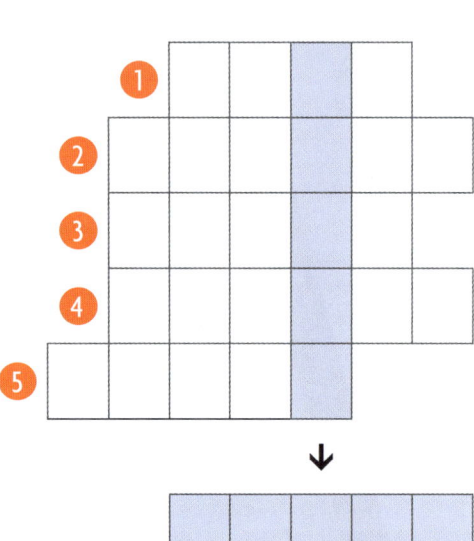

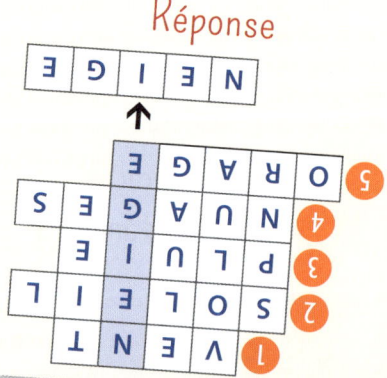

Réponse

		N	E	I	G	E

5 O R A G E
4 N U A G E S
3 P L U I E
2 S O L E I L
1 V E N T

Associez deux étiquettes pour retrouver 8 mots de la météo.

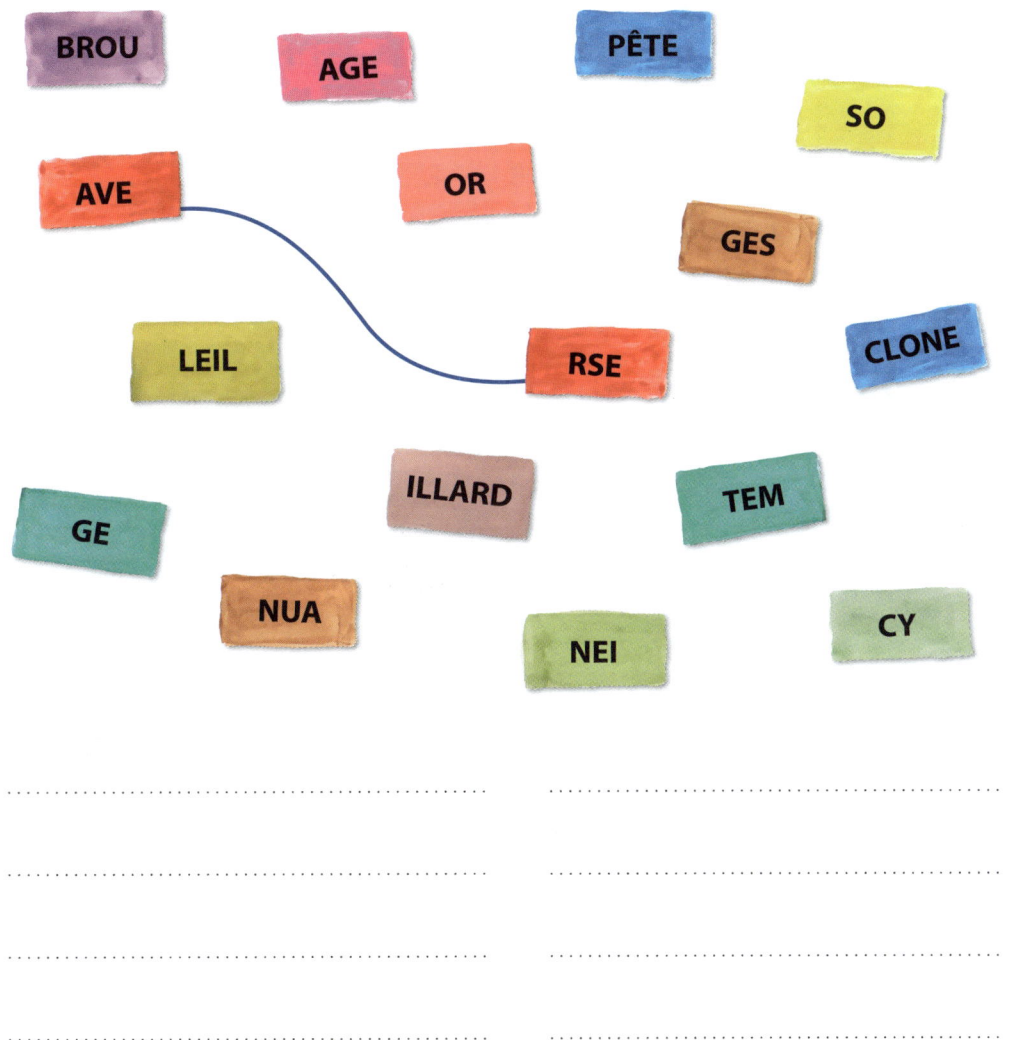

BROU · AGE · PÊTE · SO · AVE · OR · GES · LEIL · RSE · CLONE · ILLARD · TEM · GE · NUA · NEI · CY

....

....

....

....

Réponse

AVERSE / BROUILLARD / CYCLONE / NEIGE / NUAGES / ORAGE / SOLEIL / TEMPÊTE

Remettez les lettres dans l'ordre pour retrouver les 8 mots, puis associez-les à une illustration.

1	C	A	L				
2	Ê	O	T	R	F		
3	A	E	R	B	R		
4	E	E	H	B	R		
5	E	È	I	I	R	R	V
6	E	É	D	R	S	T	
7	A	A	E	C	G	M	N	P
8	A	E	O	G	M	N	T	N

A

B

C

D

E

F

G

H

1 LAC (dessin G) ....

2 ....

3 ....

4 ....

5 ....

6 ....

7 ....

8 ....

Réponse

1. LAC (G) / 2. FORÊT (H) / 3. ARBRE (A) / 4. HERBE (D) / 5. RIVIÈRE (F) / 6. DÉSERT (C) / 7. CAMPAGNE (E) / 8. MONTAGNE (B).

Complétez la grille avec 12 mots associés à l'environnement.

Horizontalement (cases orange →)

1. Traitement des déchets.   **2.** Consommation excessive.
3. Ils peuvent être ménagers ou industriels.   **4.** La nôtre s'appelle « Terre ».
5. Ensemble des espèces végétales d'un lieu.   **6.** L'écologiste la protège.

Verticalement (cases bleues↓)

A. Étendue d'eau salée.   **B.** L'un des plus célèbres est le Sahara.
C. Récipient destiné aux ordures.   **D.** Grand terrain couvert d'arbres.
E. Être vivant comme le chien ou le poisson.
F. Ensemble des espèces animales d'un lieu.

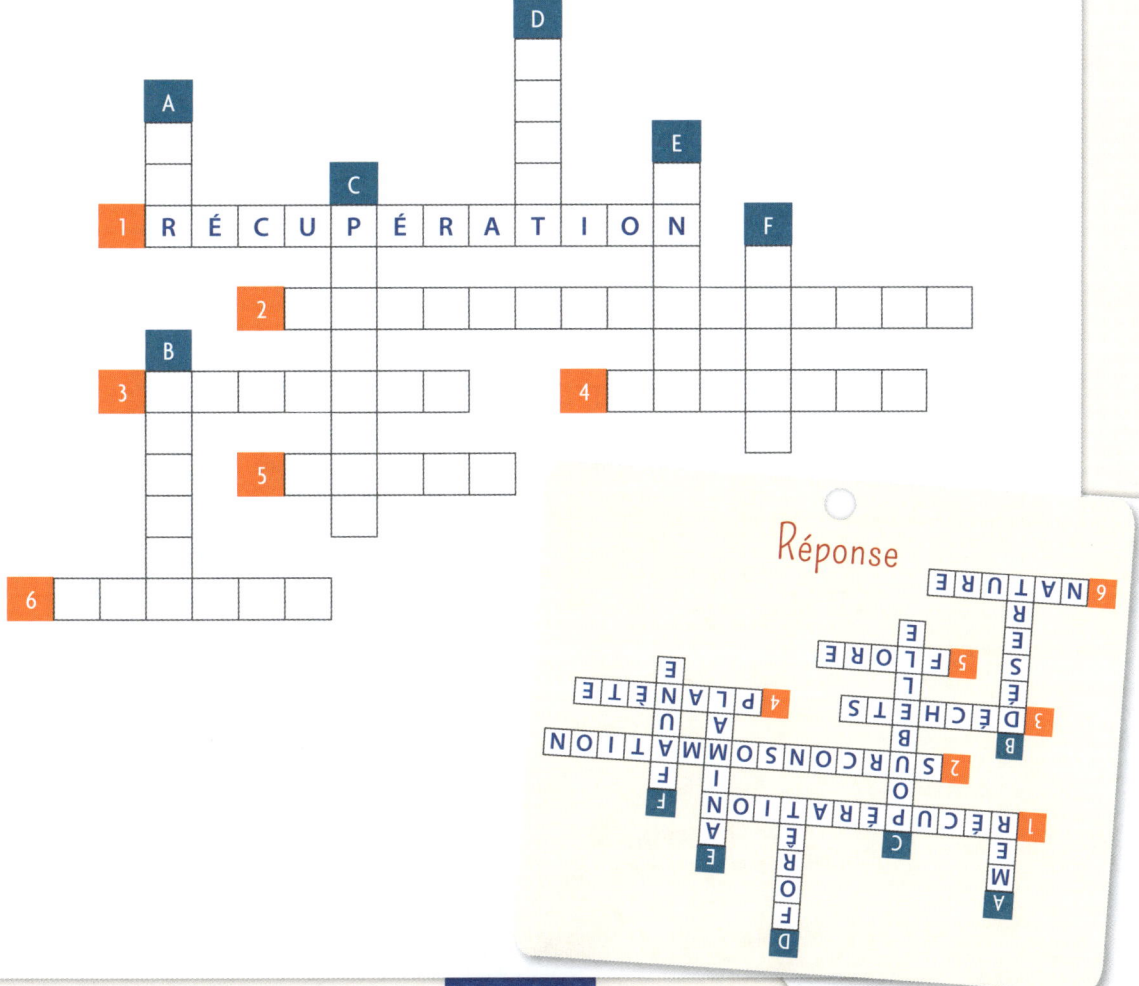

1. R É C U P É R A T I O N

Réponse

Comment vous protégez la planète ?

L'ordinateur du journaliste écolo est cassé !
Complétez les phrases avec des voyelles (a, e, i, o, u, y) pour retrouver des conseils pour sauver la planète.

Exemple

C _ _ c _ _ ! J'_ _ m_   l_   n_t_r_ ! → *Coucou* ! J'*aime* *la* n*ature* !

B _ nj _ _ r ! J_   m'_ pp _ ll _   L _ c.

J_   s _ _ s   ´c _ l _ g _ st _ .

P _ _ r   s _ _ v _ r   l _   pl _ n`t _ ,

_l   f _ _ t   pr _ t´ _ g _ r   l _   n _ t _ r _ :

l _ s   _ c´ _ _ ns, l _   f _ _ n _   _ t   l _   fl _ r _ !

S _ l _ t ! J_   m' _ pp _ ll _   D _ n _ _ ll _ .

J_   s _ _ s   ´c _ l _ ! P _ _ r   pr _ t´ _ g _ r   l _   pl _ n`t _ :

(1) j' _́ v _ t _   l _   g _ sp _ ll _ g _ ;

(2) j _   m _   d´ _ pl _ c _   `   v´ _ l _ ;

(3) j _   s´ _ p _ r _   l _ s   _ rd _ r _ s

m´ _ n _ g`r _ s   _ t   l _ s   d´ _ ch _ ts   r _ c _ cl _ bl _ s.

Réponse

1. Bonjour ! Je m'appelle Luc. Je suis écologiste. Pour sauver la planète, il faut protéger la nature : les océans, la faune et la flore !

2. Salut ! Je m'appelle Danielle ! Je suis écolo ! Pour protéger la planète : (1) j'évite le gaspillage ; (2) je me déplace à vélo ; (3) je sépare les ordures ménagères et les déchets recyclables.

94 Animaux cachés

**Retrouvez 11 noms d'animaux : horizontalement (→) ou verticalement (↓).
Avec les 7 lettres qui restent, vous allez trouver le nom d'un 12ᵉ animal.**

R	C	A	N	A	R	D	D
E	L	C	H	I	E	N	O
Q	A	A	O	U	R	S	I
U	P	U	Â	N	E	C	S
I	I	P	H	I	N	H	E
N	N	L	O	U	P	A	A
C	H	E	V	A	L	T	U
É	L	É	P	H	A	N	T

12ᵉ animal : ....

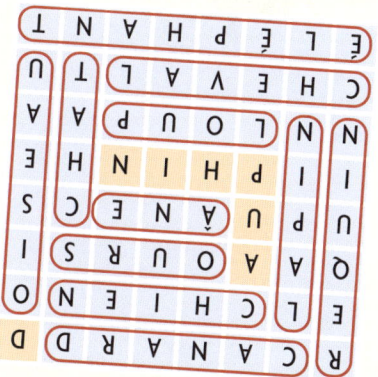

95 Portraits d'animaux

Remplacez les dessins par les mots correspondants et retrouvez des animaux.

Exemple

+ → *Cerf + paon = Serpent*

①  + **&** +  ....

②  +  + ...

③  +  + **N'** + 

....

Réponse

1. Éléphant (Aile – Et – Faon)
2. Léopard (Lait – Eau – Part)
3. Coccinelle (coq – scie – N' – aile)

La citoyenneté

Jeux

96 La citoyenneté   p. 116

97 Des valeurs citoyennes   p. 117

98 Allons enfants ! ...   p. 118

99 Élections   p. 119

100 Symboles de
la République française   p. 120

101 Contre le racisme !   p. 121

Objectifs

▷ Identifier des valeurs citoyennes.

▷ Reconnaître les symboles de
la République française.

Reconstituez 10 mots de la citoyenneté (5 mots de 4 syllabes, 5 mots de 3 syllabes).

Fra	pu	ne	té
Ré	mo	li	que
É	ga	bli	tie
Dé	ver	cra	ment
Gou	ter	ni	té

Ci	si	tion
É	pu	dent
Pré	nis	té
Dé	toy	en
Mi	lec	tre

1 FRATERNITÉ . . . .

2 . . . .

3 . . . .

4 . . . .

5 . . . .

6 . . . .

7 . . . .

8 . . . .

9 . . . .

10 . . . .

Réponse

Fraternité / République / Égalité / Démocratie / Gouvernement
Citoyen / Élection / Président / Député / Ministre

Retrouvez la valeur citoyenne cachée dans chaque ligne.

Exemple

B I S T E E R **É Q U I T É** L Y R G R E → *ÉQUITÉ*

1 L I E S O L I D A R I T É M I E T A S

....

2 P L E B U X E E A T O L É R A N C E T

....

3 L Y N E R F R A T E R N I T É C R E M

....

4 R I S É G A L I T É I N D E C R U D E

....

5 C H E J E S I S L I B E R T É B R E N

....

6 J U S T I C E D I N T S E E S C R I S

....

Réponse

Retrouvez 5 mots associés à l'État français (pour les mêmes lettres, les mêmes symboles).
Pour vous aider : les lettres qui ne se répètent pas sont données.

Exemple

Régime politique de la
France avant la Révolution  → *MONARCHIE*

M O N A R C H I E

---

1 La _____ française est
un symbole de la France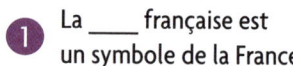

                        V

2 Célébration
du 14 juillet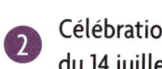

    F

3 Régime politique
actuel de la France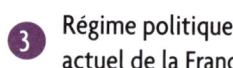

               B   Q

4 La France est dirigée
par un _____

                          D

5 Le chef
du gouvernement
est le _____

Réponse

Retrouvez 12 mots associés aux élections : horizontalement (➜) ou verticalement (⬇).
Avec les 10 lettres qui restent, vous trouvez un 13e mot.

C	E	N	T	R	E	D	D	É
C	P	A	R	T	I	M	É	G
I	D	O	C	É	M	D	P	A
T	R	V	R	L	A	R	U	U
O	O	O	A	I	I	O	T	C
Y	I	T	T	R	R	I	É	H
E	T	E	I	E	F	T	E	E
N	E	S	O	N	D	A	G	E
P	R	É	S	I	D	E	N	T

Bulletin de vote

13e mot :

....

Réponse

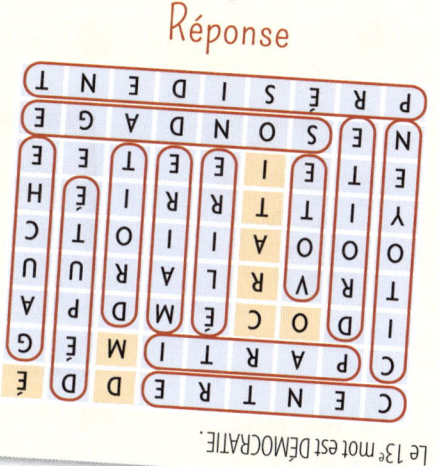

Le 13e mot est DÉMOCRATIE.

100 Symboles de la République française

Remettez les lettres dans l'ordre pour retrouver 6 symboles de la République française, puis associez-les à une illustration.

1 N N R A I A E M

2 I E S D E V E D A L A C R N F E

3 I L M N A A O B Y E L S M

4 Y E H M N   T A L N I N O A

5 Ê E T F I A L A O E N T N

6 A U D E P A R   Ç A I S F A R N

A ....   **B** ....   **C** ....

D Mariane ....   **E** ....   **F** ....

Remettez les lettres dans l'ordre pour retrouver les mots et les phrases.

R U O P   R E U T T L   C T R O N E

E L   C I M A S R E , L I   F U A T   E D

A L   P I A X , E D   A L   C O T É A R N L E

T E   E D   L ' É I T L G A É .

A L   J I T S C U E   S C O L A I E

S E T   N U   D R I O T   U O P R   O T S U .

....

....

....

Réponse

Pour lutter contre le racisme, il faut de la paix, de la tolérance et de l'égalité. La justice sociale est un droit pour tous.

Marie-Antoinette au château de Versailles

Adriana KRITTER

« La guide emmène les touristes à l'intérieur du château. […]
– Je vais vous parler de Marie-Antoinette. Vous la connaissez ?
C'est la dernière reine de France.

Mariana est très contente. Elle adore la reine Marie-Antoinette,
elle la trouve passionnante. »

Mariana, une étudiante du Venezuela, arrive en France pour étudier la langue, l'histoire
et la culture française. Le château de Versailles est sa première visite et découvre
l'histoire de la reine Marie-Antoinette.

Victor Hugo habite chez moi

Myriam LOUVIOT, Marjorie MONNET

« J'habite une belle maison. Chez moi, je suis le roi. Je fais ce que je veux
et tout est parfait... Hmm, non, tout n'est pas parfait. En fait, j'ai un problème :
Victor Hugo habite chez moi...
Croyez-moi, ce n'est pas facile tous les jours ! »

Victor Hugo, sa vie, sa famille, son exil…
La vie de l'écrivain racontée avec humour par son chat.

Rendez-vous rue Molière

Catherine GRABOWSKI, Jérémie DRES

« Voici une petite place à Paris. Sur la petite place se trouve la statue
d'un grand homme. Le grand homme, c'est Molière. »

Horace et Élise, deux jeunes gens d'aujourd'hui, se sont rencontrés devant
la statue de Molière, le grand écrivain français du XVIIe siècle. Ils sont peut-être
tombés amoureux et espèrent se revoir… Pendant qu'Horace fait visiter le Paris de
Molière à des étudiants américains, Élise va à l'université et fait du baby-sitting.
Leurs chemins se croiseront-ils à nouveau ?

Dans cette histoire amusante et actuelle, le lecteur suit les traces
du grand Molière entre le Paris du XVIIe siècle et celui d'aujourd'hui.

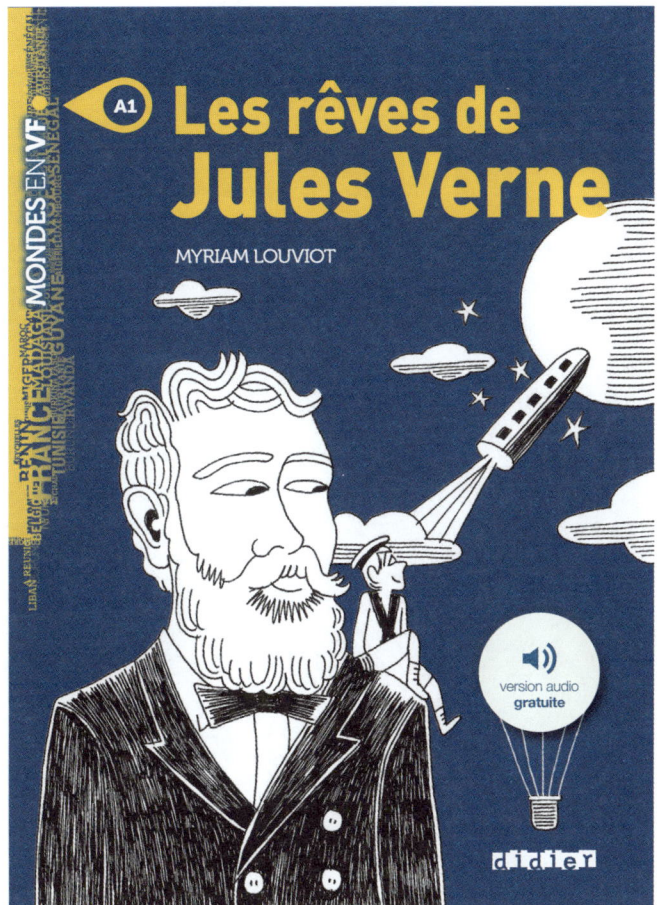

Les rêves de Jules Verne

Myriam LOUVIOT, Jérémie DRES

« 1839, Nantes. C'est la nuit. Tout le monde dort. Sauf la Lune.
Elle regarde le port et les bateaux.

La Lune aime les bateaux, mais elle aime aussi les enfants. Surtout les rêveurs.
Et cette nuit de 1839, à Nantes, elle regarde Jules dans son lit.

Jules dort. Sa fenêtre est ouverte… ouverte à toutes les aventures. »

Cette histoire invite le lecteur débutant en français à découvrir l'enfance de Jules Verne peuplée de rêves d'aventures et de découvertes de mondes extraordinaires.

Marie Curie, ma grand-mère

Jérémie DRES

« Le nom de Marie Curie est connu dans tous les pays. C'est la première femme prix Nobel. Elle est admirée par beaucoup de femmes, c'est aujourd'hui une légende. Mais qui est cette femme derrière la légende ?
Et qui est cette grande scientifique du siècle dernier ? »

Hélène Langevin-Joliot, la petite-fille de Marie Curie, s'est confiée à Jérémie Dres pour lui raconter, avec tendresse, la vie exceptionnelle de sa grand-mère.

Qui êtes-vous, monsieur Eiffel ?

Adriana KRITTER

« Ils entrent dans un très beau bureau. Le décor et les meubles sont anciens : il y a une table, une chaise, une armoire et des appareils… Les cinq étudiants trouvent le bureau très confortable. Soudain, ils entendent une petite musique : devant eux apparaît un homme âgé, il a les cheveux gris, une barbe grise et un costume noir. C'est Gustave Eiffel ! Quelle surprise ! »

Paris, la tour Eiffel, un hologramme : le lecteur débutant en français est invité dans un Escape Game à découvrir à chaque énigme la vie fascinante d'un grand homme : Gustave Eiffel.

À la rencontre de Saint-Exupéry

Marie-Noëlle COCTON, Jeanne DETALLANTE

« Il imagine Saint-Exupéry, l'explorateur. Il imagine les heures de vol au-dessus de cette immensité. Et aussi, le silence… Les aviateurs doivent voler au-dessus des forêts, au-dessus des Andes, en haut des sommets, le long des côtes du Pacifique.

Saint-Exupéry rencontre la peur. La peur des vents, du froid, de l'inconnu. »

Un jeune journaliste, Jérôme Taraud, décide d'écrire un article sur l'écrivain et l'aviateur Antoine de Saint-Exupéry. Qu'est-ce qu'il va découvrir ?